U0894622

我的fashion生活志

山东美术出版社

Preface 序

P.S 说的才是正经事

虽然感觉有点多余，还是要在这里跟大家解释一下：P.S不是photoshop，而是postscript的缩写，中文意思就是附笔，通常用在信尾的补充内容或是补充说明。P.S说的只有两种事：非常不重要的和非常重要的。《东京爱情故事》里，莉香写给完治那封告别信的末尾，淡淡一句“P.S：你好吗？”，就把前面所有的寒暄问候都比下去了。这本书里所收录的，也都是这样举重若轻的“瘦身箴言”。

和许多正在减肥的人一样，身高只有157厘米却两度胖到57公斤以上的我，也曾经切身感受过各种瘦身之苦。我是易胖体质，又热爱甜食。最近的七八年里，瘦身对我而言，已经从一种周期性状态转化成一种生活常态。在遍尝运动、节食、药物、针灸、器械及各种推拿方法之后，我希望将自己亲身试验过的一些心得和诀窍与大家分享，也乐于提供身边朋友的经验供更多人借鉴。我想说的是，无论你决定采用哪一种方式来瘦身，都不要仅仅当做一种手段或利器，而是要把它尽可能地融入生活里面，化轰轰烈烈为平平淡淡。当瘦身两个字已经不再是你日日挂在嘴边的口号，而是渗入到每一件重复发生的平凡琐事，恭喜你，你离这个目标已经不远了！

除了耐心和努力，有时候瘦身还需要一点点运气。如果去问所有瘦身成功的人他们是怎样瘦下来的，一半以上都会回答：“不知道啊，莫名其妙就瘦了！”我们比谁都熟悉自己的身体，又往往比谁都不了解它，甚至不知道那个掌控肥瘦的开关到底在哪里，惟有不断的尝试和及时的改进。回忆自己跌跌撞撞的瘦身之路，一如写这本书的过程，充满了太多的机缘巧合和歪打正着。然而我知道，这些幸运的背后，有很多人沉默而踏实的付出，并非侥幸。要特别感谢台北的知名插画家艾雷迪隔海跨刀，感谢上海的死党WIKI教练亲身示范，感谢温柔又细心的出版社编辑，还有亲爱的你。因为你们，这本书才有意义。

戎毅

Contents

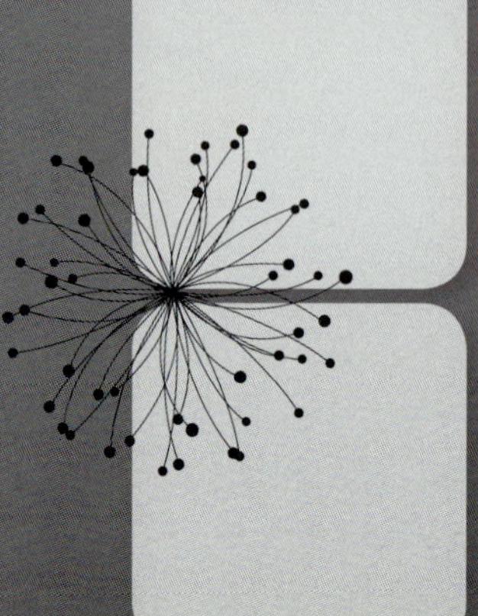

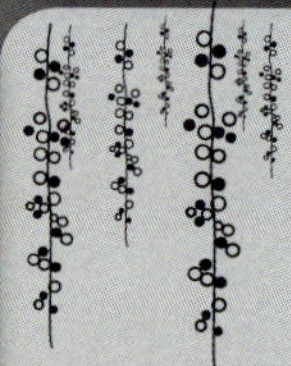

Lose weight?
No problem!

别把瘦身当回事

有多少根生日蜡烛记得你许下变瘦的心愿
有多少张健身年卡只用过几回就丢在一边
多少条再也穿不进去的牛仔裤
多少次半途而废的减肥宣言
多少个认命只能当胖子的挫折瞬间
……

从现在起，停止累积失败经验。
真正的奇迹，往往因为不经意和不在意而出现。

BLOG 1

练就你的独门瘦身心法

写给所有入门级瘦身菜鸟或者骨灰级瘦身达人，无论你的道行深浅，战绩优劣，刚刚痛下减肥决心还是早已与肥肉抗争多年，都一定要参悟、练就属于自己的瘦身心法。然后，胸有成竹地准备迎战新一轮瘦身目标吧！

独门瘦身心法，简单来说，就是每个人的瘦身动机都不相同，只有找到属于自己的动机，才能首先在精神层面不断强化这一概念，从而调动身体做出相应的配合。所以在开始瘦身之前，应该先想清楚你为什么瘦身。这问题看起来很没意义，几乎90%以上的人都会不假思索地回答："因为我想要变瘦啊！"这当然是原因，不过不能算动机。就算你有天碰到一个神仙，可以向他许愿，仅仅说出这一句也会让神仙很苦恼，不知道要怎么帮忙呢。

所谓的瘦身动机，至少要具备以下三个要素：直观、明确、深刻。这样才能在漫长平淡

的生活中，鼓励和支撑你坚持健康低卡的生活方式；当美食和懒惰的诱惑出现时，能够在心里筑起一道防线，成为你降妖伏魔、战无不胜的精神动力。

直观，就是要非常容易被联想到，最好与生活中常见的、重复出现的人、事、物有所关联。只要看到或听到就会被提醒，从而坚定要实现目标的动力。譬如，“我希望明年夏天瘦身成功”就不如“我希望明年夏天瘦身成功，和班里同学一起去海边玩”来得直观。班级同学是与生活密切相关的人，由于每天都会见到，就会每次提醒自己“不要被这些人看到我穿泳装时候箍出来的肥肉”。能够被提醒，被刺激，就会多一些抵御诱惑的能力。只要每次嘴馋的时候嘴下留情，就已经是一笔不小的瘦身成果。

明确，是说这个动机一定要非常清晰，最好以数字或时间来设定。譬如很多人都说，我要瘦到45kg就好了，或者我要瘦到50kg就好了。其实体重只是你自己知道的数字，而在别人眼里，你看起来有多瘦就多瘦。一个实际体重有55kg的人，看起来却只有50kg，这就是传说中的“巧藏肉”。所以体重没有尺寸重要，明确的瘦身动机就应该“知己知彼”，多多了解自己的身体尺寸，三围和大腿、小腿围、上臂围等等，这样更容易有针对性地知道自己需要修饰的是哪一部分，希望达到怎样的目标。譬如“圣诞节的时候我想要腰围减小5cm，为了穿上更小一号的低腰裤”，这样的瘦身动机既明确又完整，每当自己想要懒惰做“沙发土豆”的时候，都会看到肚子上摺叠起来的游泳圈和永远穿不进去的低腰裤。

深刻，其实是要挖掘更为深层的意识。瘦身是为了更健康，还是为了让自己更有自信？是为了事业上的目标，还是为了让男朋友更在乎自己？因为如果不想清楚这一点，就很可能会找其他更为舒适便捷的方式来代替瘦身的痛苦艰巨。譬如“我希望自己看起来更美”，就可以穿宽松的服装或是有修饰体型作用的束身衣来掩饰体型，从而可能在瘦身过程中“偷工减料”。如果是“我希望可以更瘦，因为在下个月要去参加模特评选，我要在事业上更有竞争力”，就更能够从根本上建立牢固防线。

综上，千万不要小看这一个念头的力量。很多真正能够实现瘦身愿望的人，都是凭着最初的一个微小的动机，一路坚持到最后。写下你的瘦身心法，然后每次打开这本书的时候，再给自己加持一次吧！

List

plan for slimming

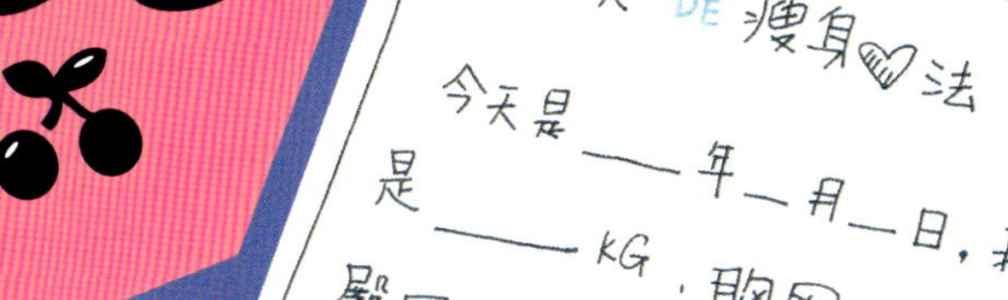

我DE瘦身♡法

今天是____年__月__日，我的体重是____kG，胸围____cm，腰围____cm，臀围____cm，大腿围____cm，小腿围____cm，大臂围____cm。

我想要：

____

____

____

所以我一定会努力瘦身成功！

____________（签名）

BLOG 2

你也许不知道的瘦身误区

别说你早已经久病成医变成瘦身达人，搞不好正是这些错误的观念阻碍了你的瘦身之路！

NO.1

我已经有很多次瘦身失败的经验，所以根本不可能瘦下来。

相信看这本书的人，一定有过不止一次的瘦身经验。从节食到近乎“绝食”，从运动到几乎“过动”，把自己当成小白鼠尝试各种奇怪药物，家里闲置着一堆刑具般的瘦身器械，甚至不惜花钱挨刀动手术……每一次的满怀期待不是换来收效甚微的结果，就是如同橡皮糖一般迅速反弹，甚至发生“阶梯状递增”的杯具事件。如此往复，每一次重整旗鼓的新开始，不仅需要更多的决心和毅力，也要付出加倍的辛苦来克服身体的倦怠。

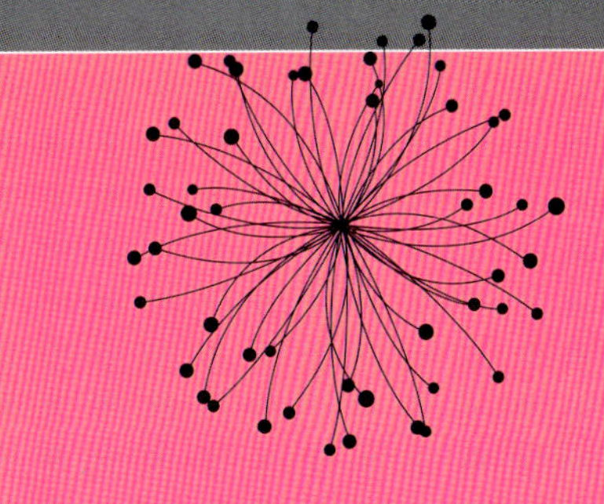

其实，我们的身体和心理通常都会有一种“默认设定”。譬如身体的脂肪细胞一再接受“缩水”考验，经过一个阶段的“干涸期”之后，一旦放松就会加倍、加速吸收和囤积更多能量，想要再度刺激到它，就需要动用更残忍、更高强度的瘦身方法，这就是为什么很多人越减越肥的原因。而不断累积的失败经验就更会给我们“瘦不下来”的心理暗示，如同有人在耳边念咒语一样，根本是一种恶性循环。

首先，我们都应该知道人为什么会变瘦。简单来说，当你每天消耗的热量大于每天吸收的热量，就会变瘦。即便是每个人的易胖或易瘦体质不同，新陈代谢快慢不同，也不会违背这个法则。所以能不能变瘦既不会取决于有没有成功过，也不会是什么天意不可违的事情，而是取决于有没有用对方法。即便是所谓“喝水都会胖”的体质，也可以通过健康的生活方式而得以慢慢改变喔！

BLOG 2

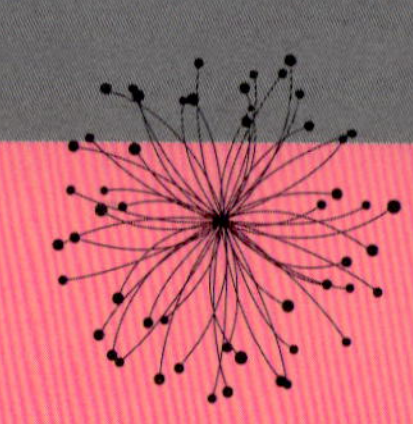

NO.2

晚餐不吃就会瘦

很多想要减肥的朋友都认为，只要不吃晚餐，就一定会变瘦！意志力超群的人甚至始终坚持“过午不食”，每天的进食到午饭后截止，上午过得像国王，下午过得像乞丐。

不吃晚餐究竟会不会瘦？应该说在一定时间内确实会的。不过需要更正的是，瘦的原因并不是因为晚饭何等的罪大恶极，而是一天内摄入的热量总值降低，使消耗大于收入，自然就没办法囤积脂肪了。

所以说，无论少吃的那一餐是晚餐还是早餐还是午餐，关键原因在于一天之内摄取的热量总值与消耗量之间的关系。夜晚人的新陈代谢减慢，更容易囤积脂肪。可是现代人多半是夜猫子，晚上的活动时间长，又更容易有饥饿

感。所以“漫漫长夜，无心睡眠”，就很难抑制住翻冰箱找零食的罪恶小手，这样一来反倒不如在睡觉前4～6小时乖乖吃晚餐之后闭嘴比较有利于减肥。

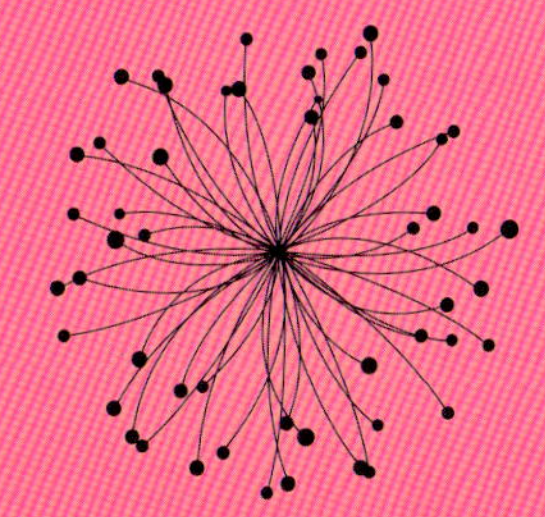

如果我们设定中午12点吃完饭就“过午不食”，隔天早餐时间为8点，中间就会有近20小时的空腹时间。这样不仅对肠胃有损伤，而且由于空腹时间长，血糖会降低，身体就会自动发出“能源短缺，节约开支”的讯号。一方面新陈代谢减缓，基础消耗降低，另一方面调高吸收速率，第一时间把吸收到的营养变成脂肪囤积起来，这样反而更不利于减肥。

所以要在这里建议每一位“忍饥挨饿”的瘦身男女们，不如把这样感人的意志力用在合理调整饮食结构、控制每日热量总摄入上面。精彩的人生不能错过晚餐的黄金时段，如果可以和朋友家人一起共进温馨晚餐，之后再通过做家务、散步等方式增加一些活动量就最好了！不过晚上尽量避免暴食跟大餐，以及睡觉前3小时内不要摄取食物是瘦身的诀窍喔。

Dinner

NO.3

秋冬不是减肥天

秋风吹，蟹脚痒。很多朋友都在苦恼自己每到秋天就跟着螃蟹一起“养膘”啦！脱去轻薄夏装，遮掩身材的秋衣冬装纷纷上市，藏在长衣长靴里面的肉肉看起来也不那么明显了。节日一个接一个，聚会一批接一批，寒风萧瑟，食量变大，运动量却减小了。秋冬天，怎么可能减肥嘛！

这种时候如果有人说，秋冬其实是减肥的黄金季节，很多人都不会相信。不过相较于春夏的温暖炎热，秋冬其实是减肥的最佳“耕耘期”。如果在耕耘时节里付出辛勤努力，等到来年就可以收获一个令人惊艳的好身材！那么，为什么秋冬反而更容易胖呢？一方面人体和动物一样，会调节身体的吸收功能，积极囤积脂肪准备过冬。另一方面夏季天气炎热，食

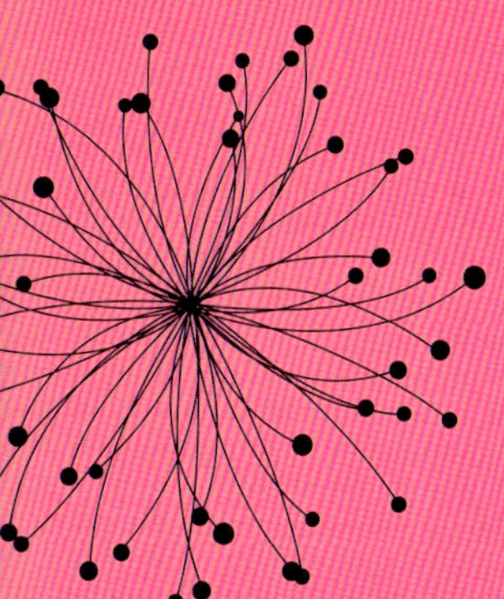

Season

golden time

欲相对较差，新陈代谢的速率也比较快。随着气候转凉，很多人就变成了冬眠动物，喜欢窝在家里变“沙发土豆”。这种时候那些“小身材大能量”的坚果、蜜饯、糕点、糖炒栗子就会在不知不觉中为你的身体“加油保重”。

我们都知道脂肪有御寒、保暖，给身体提供热量的功能。当寒冷来袭，身体就要动用储藏室里的脂肪，燃烧以获取热量。也就是说，在秋冬两季，身体要消耗更多的热量来抵御寒冷，这就好比在无形中进行着一项有氧运动。所以只要你能够抵御诱惑，维持健康均衡的营养摄入，即使不动，也在变瘦！如果这个时候能够进行一些辅助运动，或者是充分利用零散的空余时间，就会收到事半功倍的成效啦！

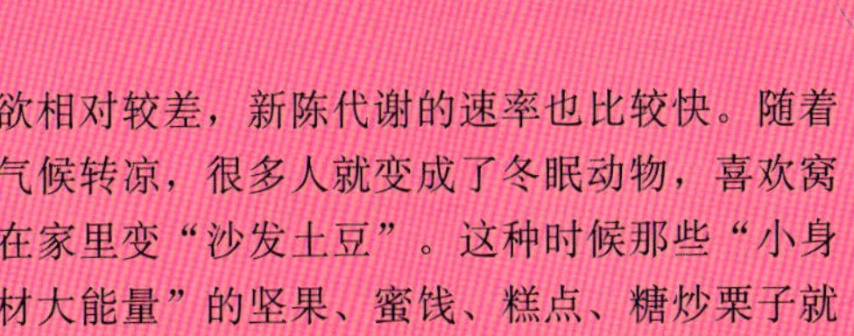

NO.4

少于30分钟的运动都没有效果

很多MM都知道，健身会所的课程一般都设定为40～50分钟。这是因为身体要在连续运动40分钟之后，才开始动用储备的脂肪作为运动所需的燃料，而30分钟内的运动大部分都是在消耗体内储存的糖元。这样一来，运动减肥就变成“有闲一族”的奢侈生活。毕竟对于每天要上学上班的人来说，一直要坚持挤出这样整段的时间来运动，确实有很大难度。

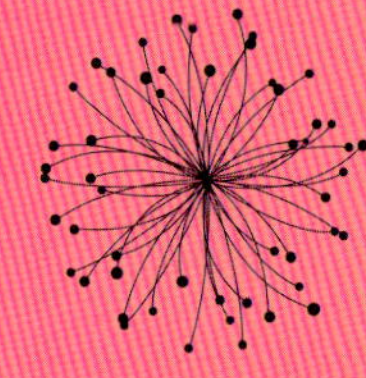

这样一来，是不是只要少于30分钟的运动就等于徒劳无用？运动是不是变成单选题，要么就做满有效时间，要么就不如不做？喂喂，不要给懒惰找理论依据啦！每次持续15分钟以上的运动虽然不致达成短时间内就收到成效的减肥目标，却可以有效改善生活习惯，调整身体的基础代谢。如果一个身高160cm，体重在55kg左右的女生，身体的基础代谢值能够从1200卡路里提高到1400卡路里，就相当于每天骑自行车30分钟所消耗的热量！曾经在台湾风靡一时的“333法则”，就是提倡每周至少运动3次，每次运动的时间不少于30分钟，运动后的心跳达到每分钟130下左右。运动时心率的提升表示身体在调动更多能量消耗，加快脂肪燃烧；而一次不能坚持30分钟的人，也可以先从10分钟运动开始，分组逐渐增加运动时间，直到适应连续做3组。

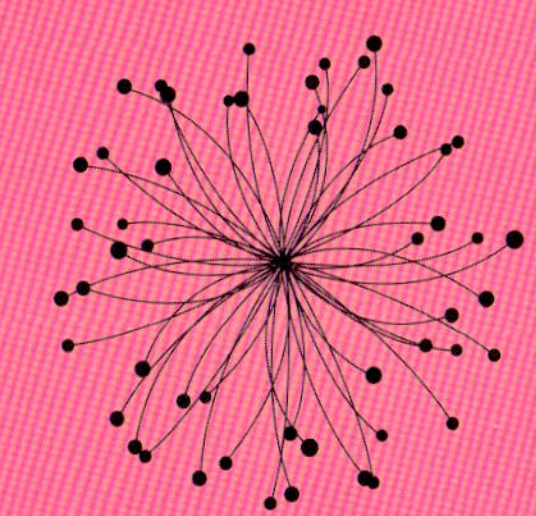

而结合瑜伽或普拉提中的某些特定动作针对身体局部进行的拉伸，譬如腰部的拉伸、腿部或手臂的收紧和塑形，更可以修饰线条，改变肌肉生长形状。只要有空的时候就反复练习这些简单易行的小动作，每5分钟一组，做3组休息一下，日积月累就会形成芭蕾舞演员一样挺拔、纤长的体型。比起漫长枯燥的重复运动，这种“偷练”出来的成果才是减肥的必杀诀窍呢！

每周运动3次
每次不少于30分钟
运动后♡跳达130次/分

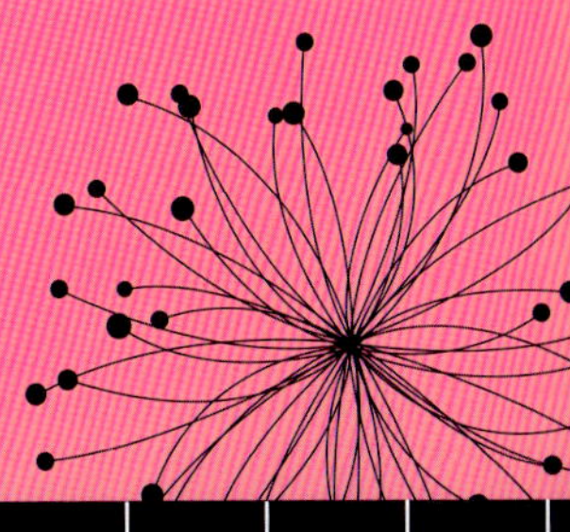

BLOG 3

人气瘦身方法大PK
选对你的瘦身路

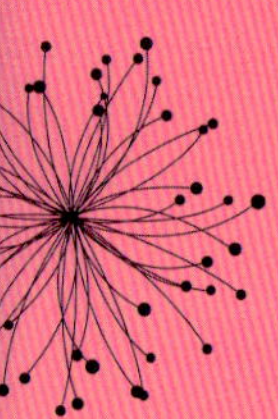

choose your slimming

说到时下五花八门的瘦身方法，归根结底无非是遵循“闭嘴（少吃）+起立（多动）”的原则。然而吃多少才算少，动多少才算多，尺度的差异却有很大不同。瘦身男女们各立门派，有人不吃晚餐，有人只吃晚上这一餐；有人疯狂运动，有人躺着让别人做推拿运动；有人戒荤，有人只吃肉；有人喝水都胖，有人睡觉都瘦……艰苦的过程随处充满岔路口，很多MM病急乱投医，每种方法都不得要领地尝试一通，最后不仅事倍功半，而且还可能导致身体功能的紊乱，让顽固的脂肪细胞更加强警戒，严防死守。

首先要提醒大家，瘦身没有快捷方式。罗马非一日建成，胖子也不是一夜之间就变出来的。除非因特殊疾病而使用激素类药物，否则

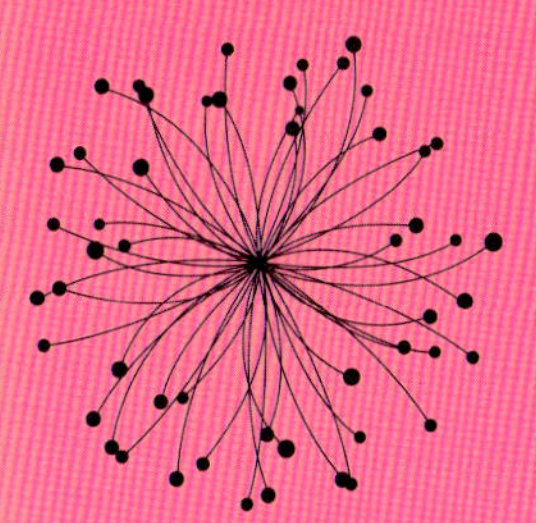

大多数人身上的肉肉背后，都隐藏着某一个阶段好吃懒做的悲剧史。想想那些惬意的日子吧，如今是刻苦清修以消除“业障”的时候了。增肥容易减肥难，如同要把养起来的肉从身上割去，哪有不费一点力就能达成的道理。况且每个人的体质不同，要求不同，这就需要根据自己的身体状况，在不同阶段选择不同的瘦身方法，把力气用在刀刃上，让每一分付出都能得到体现，而不是无功而返，越忙越乱。

知己知彼，百战不殆。想要找出适合的瘦身方法，先要了解自己属于哪种体质。以下四种类型中，有3～4个选项符合的就是啦！也有不少MM是复合型体质，那就更需要多管齐下，全面瘦身喔！

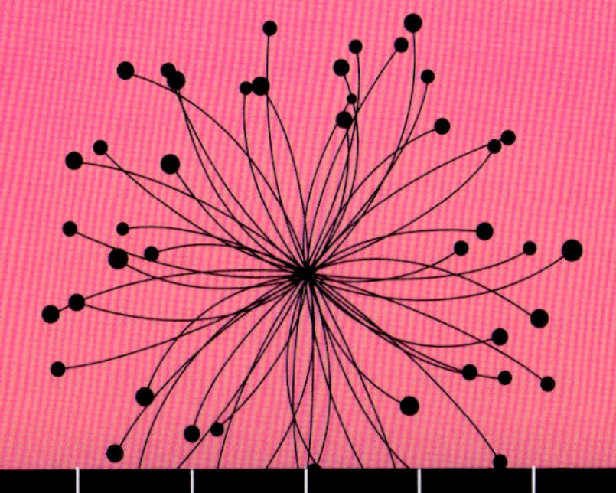

BLOG 3

章鱼妹

虚寒水肿肿

- □ 口味偏咸、偏重，爱吃酱油及腌制食品
- □ 傍晚或晚上小腿容易水肿，手指轻按会出现凹陷
- □ 临睡前3小时内很爱喝水
- □ 冬季手脚冰冷
- □ 经常熬夜，早上眼睛肿
- □ 一运动就觉得很懒，感觉两条腿像灌了铅

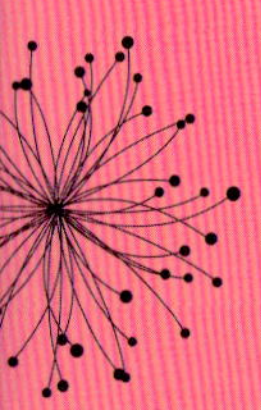

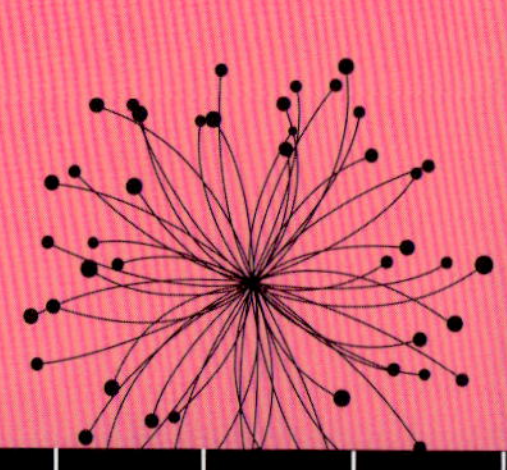

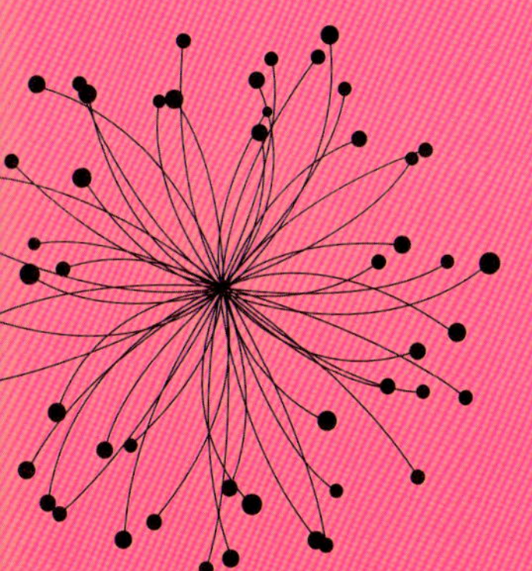

虽然说女人是水做的，可是太多水分积压在身体里面也成为MM们的大困扰。粗粗的萝卜腿，浮肿的眼袋，让本来不算胖的身材看起来也变得很臃肿。其实，水肿型的MM在委屈之余也不用太困扰，毕竟“排水”比“减肉”要容易达成，速效得多。水肿的原因主要是身体消化系统的操作功能不足，导致身体多余的水分无法排除而累积在体内，所以一味的减肥和节食不仅没有效果，会连必须的养分也被切断，毒素和废物更难排出。有些MM因为怕进一步积蓄水分而不敢喝水，这样也是不对的。多喝水不仅可以促进体内废物的代谢，也可以增加饱腹感，让你在饥饿的时候不至于大开食戒。了解一些身体的重要穴位和经络，加强自我保健，对消除水肿非常有效。

Tips

瘦身建议：调整饮食结构，改善生活习惯，配合中医疗法。

1. 盐分在体内残留太多会影响水分的排泄，所以饮食上要注意“轻身少盐”。冬瓜、西瓜、黄瓜、白菜、葡萄柚、绿豆、薏仁等排水、利尿的天然食材也应该多多摄入。

2. 通过精油按摩、泡澡、推拿或刮痧等中医疗法刺激穴位和经络，促进水分代谢。

3. 瑜伽、慢跑等比较缓和的运动，可以调节身体机能，改良体质。夏天要坚持长效的有氧运动，多出汗；冬天则应该在睡前泡脚和按摩小腿，促进循环。

BLOG 3

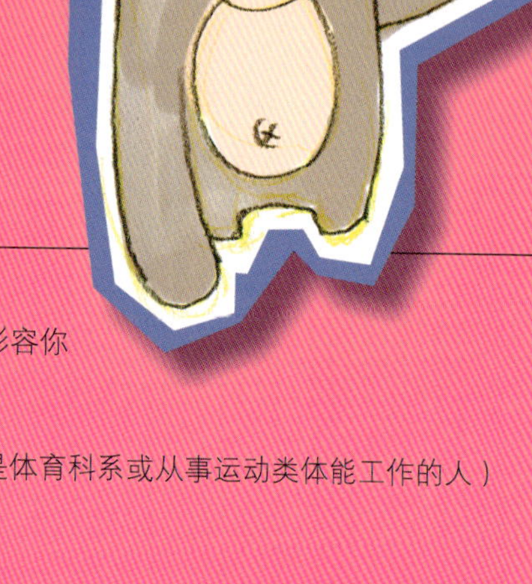

熊熊妹

肌肉好壮壮

- □ 在别人眼里，“壮”比“胖”更适合形容你
- □ 运动过后比较少进行充分拉伸或放松
- □ 曾经一度有过高强度的运动史（譬如是体育科系或从事运动类体能工作的人）
- □ 对于某一类运动有过阶段性集中训练
- □ 四肢肌肉线条比较分明
- □ 身上的肉都比较结实，感觉像是肌肉外面裹了一层脂肪

大多数曾经有过运动史的女生，都会留下“金刚芭比”的困扰。突出的肌肉线条让本该属于女性的柔美特征扣分，而运动后的复胖则会在结实的肌肉群外面再包裹上一层脂肪，大大提升了再次瘦身的难度系数。难怪有人说，运动减肥是条不归路，一旦选了就绝对不能停下来。

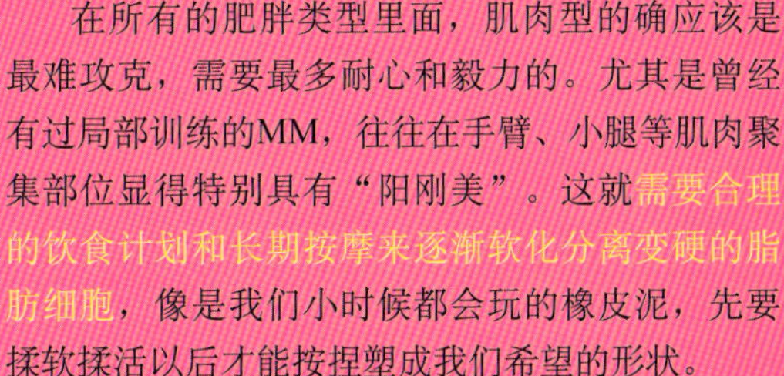

在所有的肥胖类型里面，肌肉型的确应该是最难攻克，需要最多耐心和毅力的。尤其是曾经有过局部训练的MM，往往在手臂、小腿等肌肉聚集部位显得特别具有“阳刚美”。这就需要合理的饮食计划和长期按摩来逐渐软化分离变硬的脂肪细胞，像是我们小时候都会玩的橡皮泥，先要揉软揉活以后才能按捏塑成我们希望的形状。

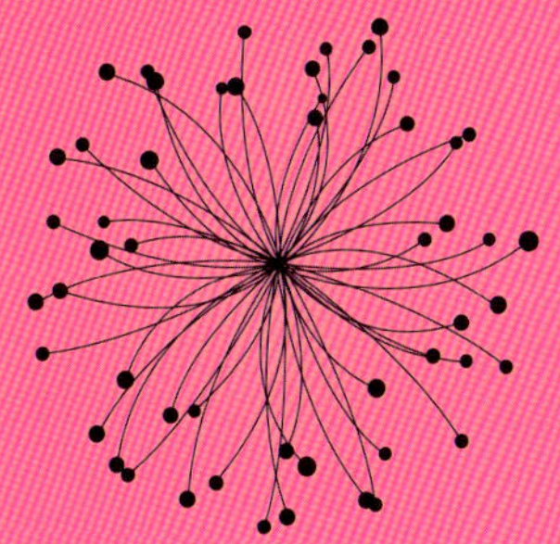

熊熊妹们在运动的选择上，也应该注意与单纯肥胖型的有氧运动不同。跳绳啊跑步啊自行车、羽毛球这类中高强度的就不要再做啦，尽量以瑜伽、普拉提和持续时间较长的散步、拉伸等运动为主。肌肉型的瘦身攻略，不在于体重计上的数字变化，而在于视觉效果的改善。现在“排骨美人”已经不流行了，看起来健康而紧致的线条才最有魅力！

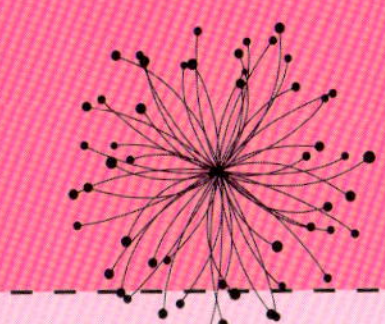

Tips

瘦身建议：从“硬运动”到“软运动”，逐渐改变肌肉线条，饮食合理调整。

1. 控制高脂类食物，尤其是“红肉”的摄入，譬如牛肉、猪肉这些，油煎炸食品或西式快餐也尽量少吃。

2. 坚持按摩及拉伸，很多局部拉伸运动可以抽空反复做，对于改善肌肉线条会有帮助。

3. 改变运动习惯，把集中性、高强度的运动改为做家务、散步这些轻量级、更易持久的运动，身体线条会在不知不觉中变得纤长喔！

BLOG 3

蜜蜂妹

糖分吃多多

- □ 有吃甜食减压的习惯
- □ 爱喝奶茶、碳酸类及所有含糖饮料
- □ 碳水化合物摄入量大，尤其爱吃中西点心等精致食品
- □ 身边或包包里总是有糖或巧克力
- □ 有家族糖尿病史或肾脏病史
- □ 偏爱葡萄、西瓜等含糖量高的水果果汁

甜食是很多MM的最爱。情绪低落的时候，学业或工作压力大的时候，疲惫或困倦的时候，每个月生理期的时候，甜食都是最容易让人感到幸福的安慰。小时候我们被家长劝告“吃太多糖牙齿会蛀掉”，其实过多摄入糖分还会给身体加重很多负担，尤其是爱美的女生一定要了解喔。

首先，不是只有吃糖才会摄入“糖”。广义的糖比较“隐形”，米饭、主食、各种可消化的碳水化合物和淀粉里面都含有糖；狭义的糖比较直观，我们吃的所有含糖食品和饮料中的糖浆都是。一大勺果酱约含糖15克，1罐可乐约含糖37克，1只甜筒冰激凌约含糖10克，几片梳打饼干约含糖10克……不知不觉中，我们一不小心就会摄取超量的糖分，甚至已经有了“糖瘾”而不自知。

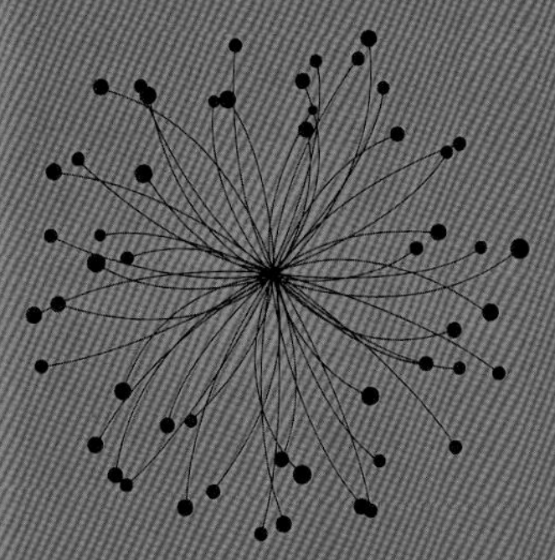

当身体摄入的糖分超过消耗量时，剩下的部分就会自动存进身体银行，变成脂肪。此外，人体真皮层中的胶原蛋白会和糖类产生氧化性反应，使皮肤变得松弛或暗沉，而糖在代谢过程中产生的二氧化碳，也会使人体偏向易疲劳、易发生癌变的酸性体质，对于MM们的美丽和健康都有隐性危害。

Tips

瘦身建议：控制糖类摄入，调整饮食结构。

1. 尽量少喝或不喝含糖饮料，用黑咖啡、纯水或茶类代替。

2. 多吃蔬菜，尤其可以把小黄瓜、小西红柿、生菜当做水果来吃。

3. 培养运动减压、音乐减压、睡眠减压的习惯，逐渐取代对糖类的精神依赖。

BLOG 3

蜗牛妹

代谢慢吞吞

- □ 曾在专业机构进行身体测验，基础代谢率低于正常水平
- □ 早上不爱吃早饭，晚上有吃宵夜的习惯
- □ 睡眠时间不足6小时
- □ 夏天一定要吹冷气，冬天全靠外力取暖
- □ 平时缺乏运动，能坐绝不站着
- □ 长期通过节食来减少热量摄入

相对于其他三种，蜗牛妹们也许最委屈。她们中的有些人不断节食，却往往“越减越肥”，感觉每天都累累的提不起精神，一副软绵绵的样子，其实问题很可能出自新陈代谢太过缓慢。

我们这里所说的新陈代谢，主要指一个人一天的基础代谢率。只要是一个活着的人，哪怕每天躺在床上什么也不做，仅仅维持心跳、血压、循环、呼吸、体温，体内每个细胞的存活，都需要消耗养分，这最基本的热量消耗就是基础代谢率。它像个旋钮，调节人体自身运转的速率周期和消耗热量的比例。如果新陈代谢快，基础代谢率高，人的热量也消耗得快；如果新陈代谢慢，基础代谢率低，则吸收的相当部分热量将作为脂肪储存在体内。基础代谢率加上每天工作、生活、运动所消耗的热量，就是一天中总的能量消耗。新陈代谢一旦慢下来，就好像身体进入了冬眠期低能耗设置，吸收养分和囤积脂肪的功能却大大增强。MM们就算没有贪嘴，也相当于平白无故每天比别人多吃了一包饼干或是一块蛋糕，真是太冤枉啦！而基础代谢率高的人，每天消耗热量的基数就比较大，脂肪不易囤积，身体内部的许多废物和毒素也会更快排出，这才是真正的“赢在起跑线”上呢！

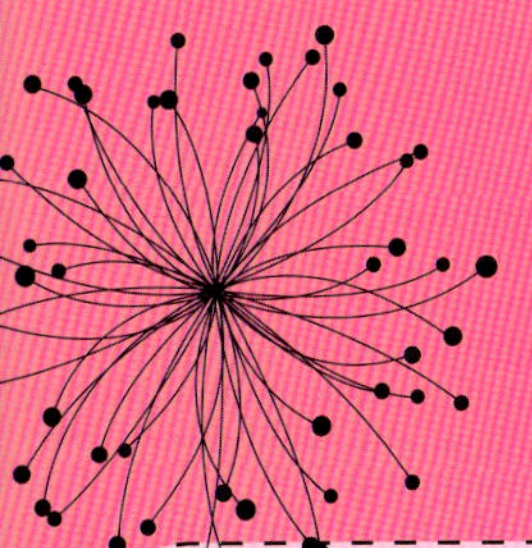

Tips

瘦身建议：通过合理安排运动量、改善生活方式来增加基础代谢率。

1. 早晨的新陈代谢水平最高，晚上睡觉的时候最低，所以应考虑有效分配热量，早晨吃饱，晚餐吃少；适量多吃辣椒、咖喱、姜汤等促使身体发热、帮助消耗热量的食物，充分摄入蛋白质，补充维生素B。

2. 重量练习是最有效的建立和保存瘦肌肉的方式。每一磅肌肉每天可以提高代谢率15卡。其次是心肺运动。慢跑、游泳、轻量器械训练都是“激活”身体的好运动。

3. 夏天不要太过依赖空调，冬天也不要一直缩在暖气房里。尽量让身体通过自身调节去适应外部温度变化。

I want something to eat.
芝麻
咕噜噜…

吃得少不如吃得好

胖子是这世上最委屈的族群
吃东西就会被人嘲笑："这么胖还吃"
不吃东西也会被人嘲笑："不吃也这么胖"
明明很多"纸片人" 每餐都吃得不少
明明很多"厚片人" 每餐都不敢吃饱
难道 食物也会存心刁难?
其实 吃得少不一定瘦 吃得多不一定胖
除非你以非洲难民的身材为目标
苦行僧的生活为己任
否则不要再以忍饥挨饿为瘦身

百吃不胖的诀窍 就是少不如好

BLOG 4

食物换一换 热量减减半

首先，希望所有看这本书的MM们都能了解一个概念：瘦身≠减肥。减肥的主要目标只有两个：消除脂肪和减轻体重。由于每个人体质差异、身材特点不同，适用的方式和评断的标准也有很大区别。从字面上来看，减肥的前提是你已经被划定在“肥”的范畴内，从此要开始约束持戒，在生活的很多方面做“减法”；而瘦身则更注重于由内而外的“看上去很美”，并非一味追求体重和脂肪量。外在塑造匀称的体型和优美的体态，内在倡导健康的生活方式和培养更多的自信。瘦身不一定要弄得满世界都是清规戒律，而是在生活的许多方面做一些“加法”和替代。只要有耐心，持之以恒，当有一天这些小习惯都成为自然之举，相信你就已经摆脱“厚片人”的身分啦！

很多MM都因为被身材问题困扰而长期节食，有些人甚至早已练就了“天黑请闭嘴”的忍功。我们姑且不论这样的方式到底能不能彻底摆脱肥肉，只要设想一下，如果每次亲友团聚、热气腾腾的饭桌上，只有你眼睁睁看着别人大快朵颐岂不可惜？如果每次生日

change your food

food

派对渐入高潮，大家一同分享美味的蛋糕，只有你抿紧嘴唇岂不扫兴？一辈子忍饥挨饿的生活，用餐时唯恐变胖的忐忑心情，是你想要的幸福吗？

况且，很多MM节食挨饿却瘦身效果不佳。吃的食物种类和总量少了，新陈代谢的速度也会随之下降，那么体内燃烧的热量就会变少，甚至因为过于挨饿，忍不住选择了热量很高、分量却很小的东西来解馋，一直处于饥饿状态下的身体则加倍吸收养分和迅速囤积脂肪，结果反而“越减越肥”。正确的瘦身饮食应该不是减量法而是“替换法”，用蔬菜、水果以及热量较低、纤维较多的活性食物来替换掉原先饮食中高热高糖高脂的惰性食物，这样摄入的热量虽然减少了，但体内新陈代谢的速度并未改变。摄取大量富含纤维的食物，既容易产生饱腹感，也利于肠道的蠕动。

我们每天吃的食物中，有一些固定的组成部分。所谓合理膳食，就是由一个金字塔形状的四层结构组成我们每天摄入食物的总和。金字塔底层是由谷类食物，也就是碳水化合物和主食组成，占正常人每天摄取食物中最大比重。第二层是蔬菜和水果，第三层包括肉、蛋、奶、家禽、鱼、豆制品，最上面一层是油和糖，建议每天吃的量应最少。

我们不妨以三餐为例，不改变金字塔的组成结构，而是巧妙地替换掉其中的部分，就可以明显看出，少摄入了多少脂肪。

BLOG 4

早餐

营养只增不减！热量降低一半！

煎蛋+全麦面包+全脂牛奶=440大卡

无糖豆浆+麦片+水煮蛋+脱脂优酪乳= 220大卡

无糖豆浆 替换 牛奶

牛奶的单位热量约是67大卡（每100克），以我们每天早餐喝一杯（约250克）全脂牛奶为例，获得的热量是168大卡。无糖豆浆的单位热量仅有14大卡（每100克），比脱脂牛奶还要低，一杯豆浆的总热量只有35大卡。豆浆中富含的天然雌激素也会对MM们的身体有很大好处。

无糖豆浆 替换 牛奶

change

很多人都认为面包，尤其是全麦面包吃了不会胖。全麦面包是由包含了麸皮与胚芽磨成的全麦面粉制作而成，富含纤维素，含脂量也比白面包低。首先无论是什么面包，里面都会含有植物或动物性油脂、酵母，有些还会添加鸡蛋、果仁等为辅料，经过烘烤而成。全麦面包的热量约在221～270大卡（每100克）之间，如果添加焦糖或果仁等等则会更高。我们早餐如果吃三片全麦吐司（约60克），摄入的热量约为155大卡。而无糖燕麦片的成分虽然也是富含纤维的燕麦，却更可以确保不添加糖分、油脂、胆固醇，早餐泡在牛奶里吃，一般只需30克的量就可以吃饱，摄入的热量约为108大卡。

BLOG 4

水煮蛋 替换 煎蛋

change your food

change

一只普通大小的鸡蛋，热量约为68大卡。被油煎成荷包蛋之后的热量就会翻一倍，达到117大卡。如果觉得白煮蛋没有味道，建议做成茶叶蛋吃，热量约为78大卡，比较健康。

脱脂优酪乳 替换 果酱/花生酱

change

虽然优酪乳富含益生菌，对肠道蠕动和排除便便很有好处，不过单位热量也蛮高的。尤其是加了水果颗粒或是多种口味的全脂优酪乳，其实不建议想要瘦身的MM们多喝。不过，如果用口感醇厚的优酪乳来代替花生酱、巧克力攀司酱或是各种果酱和黄油，却是一个有效控制热量摄入，不让身材败在细节上的好方法。吃全麦或黑麦面包时，浓稠度较低的脱脂优酪乳尤其可以中和面包坚硬的口感，热量却只有使用花生酱或巧克力攀司酱的1/6喔！

ood

BLOG 4

午餐

最常见食材最易隐藏危机！

长效健康料理“换”出来！

橄榄油 替换 食用油

delicious lu

用橄榄油替换普通的食用调和油，也许短期内的瘦身功效并不显著，却是一种对健康长期有益的选择。橄榄油就像是一种人体的调和剂，能够调节血液中脂蛋白胆固醇的浓度比例，也更不易发胖，对缓解慢性便秘也有很大功效。而且，看在橄榄油那么小小一瓶价格却和大桶食用油差不多的份上，相信大家也会在烹饪的时候“手下留情”，不舍得放太多吧！

糙米饭 替换 白米饭

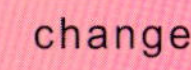

糙米很多人都不喜欢吃，因为口感实在很像陈年米和“夹生饭”。其实糙米就是稻谷剥去粗糠之后，还保留胚芽和内皮的“浅黄米”。对于精致食品吃多了的现代人来说，这样的纤维素可是宝贝呢！不要小看小小的胚芽，它是一粒米的生命之源，相当于人的头脑和心脏。而内皮则相当于人的皮肤，保护身体不受侵害。糙米保留了超过64%的谷粒营养，远远高于白米，所以人们通常把白米称为“死米”，把糙米称为“活米”。

糙米中的碳水化合物由于被外层的粗纤维所包裹，人体消化吸收速度较慢，因而能很好地控制血糖；而同等数量的糙米饭不仅热量比白米饭低，纤维素含量更是后者的6倍！所以当然吃起来更容易觉得饱，食量得到控制，瘦身就见成效啦！为了能使糙米的口感更好，如果是用一般的电饭煲来煮，建议先将糙米在水中浸泡一夜。或是把白米和糙米以4:1的比例一起煮，口感会更松软。

BLOG 4

水煮 替换 勾芡

很多MM都爱吃勾芡的食物，却非常非常容易忽略勾芡的热量。香稠浓滑的甜羹、可口的面线糊、菜肴里面最适合拌饭的汤汁，都离不开用太白粉勾出的芡。太白粉，就是用地瓜或者马铃薯经过水洗沥干后磨成的粉，也叫做生粉。因为生粉是纯淀粉，吃多不但容易发胖，而且芶芡溶解后，在人体内吸收速度是米饭的三倍，会让血糖飙高；加上勾芡要加入的高汤含有较高盐分，甜品则含有大量的糖分，热量就会比一般米饭高出2倍。看似不起眼的勾芡，其实是瘦身的大忌！而用水煮的烹调方式，煮熟后再蘸取酱料或淋上调味料，热量则大大降低，还可以保留食物的鲜美和营养。

delicious lunch

日式色拉汁/油醋 替换 奶香色拉酱/千岛酱

很多白领由于午休时间有限，常常会在午餐中加入一份蔬菜色拉，既补充纤维素又摄取维生素，感觉上是非常健康，可问题就可能出在色拉的佐料——色拉酱上。奶香味色拉酱的单位热量高达702大卡（每100克）；口味略酸的千岛酱居后，单位热量为475大卡（每100克）。这两种酱都比较浓稠，在拌蔬菜色拉的时候通常用量比较大，这就使原本很健康低脂的蔬菜变成了高脂高糖高盐的载体。而日式色拉汁的单位热量只有215大卡（每100克），比奶香酱和千岛酱的一半热量还要低，用量也更节省，一般30毫升以内就可以达到拌匀一整碗蔬菜色拉的需求。所以各位MM一定要谨慎注意这些看似不起眼的小细节，把健康进行到底！

BLOG 4

晚餐

天然蔬果杂粮最少卡路里！

不炸不煎不油腻，饮食更健康！

fresh di

水果 替换 果汁

change

很多人都认为果汁比其他饮料都要健康，尤其是MM们会觉得喝新鲜的水果汁既美味又营养，有些家里还买了榨汁机。从你看到这本书的现在开始，试着改变喝果汁的习惯，回归到最原本的水果吧！

为什么呢？首先，你不会一口气吃下三个苹果，或是一整个中号西瓜，然而果汁却可以帮你做到这一点。一个水果只含有约60毫升的果汁，要榨一杯200毫升的果汁要用3个水果。如果按同等分量来计算，果汁所含的热量甚至高过汽水。譬如一杯鲜橙汁含112大卡、苹果汁含134大卡、葡萄汁含152大卡。同样分量的可口可乐含97大卡，百事可乐含100大卡。而果皮和果肉中的糖分全部流入果汁中，更容易被肝脏转化为脂肪。

另外，在鲜榨果汁时，我们过滤掉的果渣里面含有大量的纤维素，这样我们从水果中摄入的纤维素和矿物质就损失了相当一部分。再加上喝不完的果汁被存放在冰箱里，结果是存放越久，果汁中维生素C、维生素A、维生素E等被氧化破坏得越多。

BLOG 4

南瓜/红薯 替换 米饭/面条

change your food

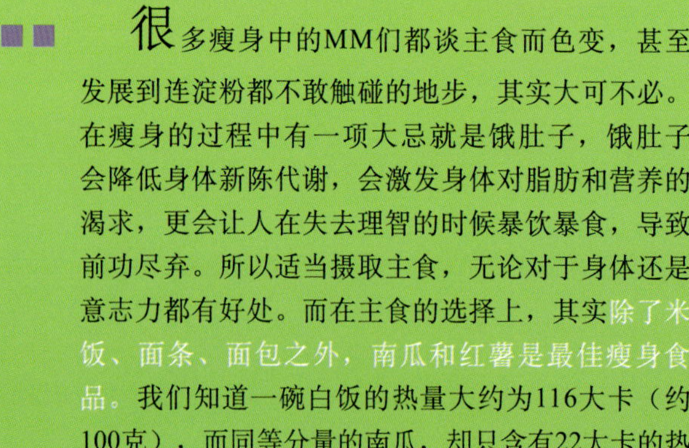

很多瘦身中的MM们都谈主食而色变，甚至发展到连淀粉都不敢触碰的地步，其实大可不必。在瘦身的过程中有一项大忌就是饿肚子，饿肚子会降低身体新陈代谢，会激发身体对脂肪和营养的渴求，更会让人在失去理智的时候暴饮暴食，导致前功尽弃。所以适当摄取主食，无论对于身体还是意志力都有好处。而在主食的选择上，其实除了米饭、面条、面包之外，南瓜和红薯是最佳瘦身食品。我们知道一碗白饭的热量大约为116大卡（约100克），而同等分量的南瓜，却只含有22大卡的热

量；同等分量的红薯，单位热量也只有99大卡。南瓜和红薯所含的丰富纤维，更会促进肠道蠕动，畅通便便。其实除了南瓜和红薯之外，马铃薯也是很好的瘦身食品，它只含有76大卡的单位热量。不过因为马铃薯的吸油能力非常强，所以除非是水煮或者清蒸，否则不推荐大家以马铃薯作为主食的替代品，小心吃进去的是一大块“油海绵”喔！

水饺 替换 煎饺/锅贴

这一点就不用说了，想要瘦身的MM们，无论如何也要跟生煎、锅贴之类的油煎食品暂时告别。如果真想吃馅食类，比较推荐水饺。水饺本身不用油煎，淀粉含量也相对较低，又不像馄饨需要用高汤来辅助，一般每餐吃8～10颗不会有太高的热量。

BLOG 4

果冻 替换 甜点

change your foo

change

不是说就要大家从此戒断甜点，远离蛋糕，而是如果你一直有吃甜点的嗜好，不妨可以多考虑选择果冻而不是蛋糕。一块芝士蛋糕的单位热量就有349大卡（每100克），相当于两碗白饭，巧克力布朗尼蛋糕也与之相似。而果冻每100克大约只有70大卡的热量，相较之下低了很多。而且果冻一般分量小，吃上三五颗也不用太过紧张，解了嘴馋又不影响瘦身，算是甜点里面很有爱的一款了！

I want something to eat.

for everyone

change

BLOG 5

骗人?!吃东西减肥法?

虽然很多MM不相信，但真的是有“越吃越瘦”的食物，这就是我们说的“负热量”。负热量食物不是说本身没有热量或者吃下去就会像减肥药一样燃烧身体脂肪，而是你咀嚼、消化它所需的热量要比食物本身的热量大，导致热量的吸收成为负数。例如你吃了一根黄瓜，从中摄取了30卡路里热量，但是为了吃黄瓜而清洗、咀嚼、消化的过程却需要消耗你自身60卡路里的热量，等于吃这根黄瓜帮助你消耗掉了20卡路里，那么它就属于负热量食物。像黄瓜这类既能够产生饱腹感，让我们对食物的摄入有一定限制，又本身低卡高纤，无需经过复杂加工就可以食用的蔬果类，就是瘦身达人们最需要的秘密武器了！

尽管《纽约时报》曾将甘蓝、莴苣、黄瓜、芹菜等蔬菜列在“负热量食物”排行榜的榜首，网络上也确实掀起了很多质疑和不赞同的讨论。有人认为，根本不存在什么“负热量食物”，吃

下去的热量永远比消耗的量要大。所以即使一直吃蔬菜色拉，也一样会产生热量和脂肪，只是量的多少而已。这让很多瘦身中的MM都深感绝望，仿佛只要张嘴，进食，就不可避免变胖的趋势，毫无侥幸可言。其实两种观点都有一定的偏颇啦！首先，由于我们人体消化、咀嚼的过程所耗费的热量值并不高，和很多食物本身携带的热量比起来几乎不足五分之一，所以如果单纯靠这一过程来抵消进食后的负罪感，其实是不合理的。另一方面，食物中真正能够达到“负热量”标准的，一定必须是可以生吃或未经过油煎、油炒、加入过多调味品以及煮得太熟的蔬菜，以及银耳、蒟蒻、寒天等非蔬菜类的高纤食品。而经晒干、腌制过、烧烤过以及制成罐头的食物，甚至包括拌上色拉酱的蔬菜，和大家熟悉的水果类，都因为富含果糖及热量过高，而不能够位列其中了。

这样说来，好像还是挺令人沮丧……不过对“负热量”的概念本来就不可过于偏执，吃得太多还是可能会造成热量超标或营养成分摄入不均衡，变成所谓的“过犹不及”。因此在摄入的时候，每天以5～7份负热量食物作为标准，而将健康饮食的概念贯穿到生活的时时刻刻，以均衡饮食为前提，在食谱中增加负热量食物的种类和数量，才能真正实现边吃边瘦的梦想！

BLOG 5

Food

Kanto Cooking

NO.1

关东煮之昆布

关东煮里面的海带（又叫昆布）是非常健康的食物，热量极低，每100克只有16卡热量，膳食纤维却高达3克。富有嚼劲又容易产生饱腹感，只要不加其他酱料，也不要喝关东煮的汤（汤和酱的热量都很高），应该是当仁不让的负热量食物冠军！

NO.2

生食小黄瓜或西红柿

umber & tomato

黄瓜的食用度最为广泛，可以当零食也可以作为正餐的补充。黄瓜中90%以上都是水，对于维持体内水分平衡很有好处。生食的话，可以完全不用考虑会发胖的问题，挺吃到底！新鲜西红柿可以利尿，去除腿部的疲劳、减少水肿，其中的茄红素和纤维质也非常有益身体和保持皮肤的光泽，两只中号大小的西红柿热量才相当于一个苹果。需要提醒的是，西红柿和黄瓜不要混在一起吃，会影响铁质吸收。

BLOG 5

NO.3

清烫西兰花或豌豆苗

西兰花和豌豆苗都很适合用微波炉料理，直接切碎加水，高火加热3分钟就可以吃了。嫩绿爽口，是蔬菜色拉的首选配菜喔，建议要避免用色拉酱拌制，改用日式油醋。如果可以把油醋倒在小盏中，每次蘸取食用，热量更低！

vegetable can keep fit

NO.4

凉拌菠菜或西芹

ery & spinach

西芹的味道很多人不喜欢，但是每株热量只有10卡路里，并且含有大量的钙和钾，可减少下半身的水分积聚。西芹中丰富的矿物质、纤维素可以促进肠道蠕动，而且使用开水氽过之后就可以减轻浓郁的气味。大力水手爱吃的菠菜则能够促进血液循环，哪怕是距离心脏较远的双腿也能吸收到足够养分，可以平衡新陈代谢，排毒消肿。这两样蔬菜都可以凉拌或烫熟之后吃，如果热炒的话，建议使用橄榄油。

st

BLOG 6

餐前餐后“动点手脚”

所谓细节决定成败，对于很多MM来说，瘦身的决心和意志力都已经达到“可歌可泣”的程度，但却常常因为忽略一些小的细节而大大影响了瘦身的成果。瘦身，说到底还是靠七分吃三分动。进食的时候很多不起眼的小动作，会直接影响到热量的摄入、营养的吸收。也就是说，只要了解这些进食时“动点手脚”的诀窍，就可以事半功倍地轻松达到瘦身效果。这比起在跑步机上进行驴子拉磨一样的重复运动可轻松太多啦！

餐前六件事

先运动再吃饭

ports after or before eating

6 things before eating

这是道挑战意志力的风险题，因为运动后身体的吸收能力变得更好，如果这时候忍不住暴饮暴食，就会连同前面的运动成效一起报废。先运动再吃饭是为了提醒自己不要忘记刚才流汗的艰辛，好不容易消耗掉的热量不要因为一时口腹之欲功亏一篑。当你准备再添一碗饭的时候，想想枯燥乏味的跑步机，再捏捏肚子上的游泳圈吧。

把车停在离餐厅有至少10分钟步行路程的地方

如果你约了朋友一起出去吃饭，首选当然是一起散步过去。如果对方或自己打算驾车前往，那也最好把车停在距离饭店至少10分钟步行距离的地方。等你饱餐一顿走出餐厅的时候，可以稍稍增加一点步行的运动量，不要腆着肚子就钻进车里蓄脂肪了。

BLOG 6

外出就餐前先喝一杯水或是吃一个西红柿

不管你有多饿，反正从出门到菜端上来总有一段时间。饿得发慌和饱得要死都不合适，但是请记得，先喝一大杯水或者先吃一个西红柿缓解饥饿感，这样在正式用餐时你就不会像饥馑难民那样疯狂点上一堆菜，也不会因为摄入太多热量而让自己后悔。

从厨具到餐具都要精选

用什么烹饪，用什么进餐，和具体吃什么一样重要。烹调时可以尽量使用微波炉、炖煮闷锅、不沾锅等来取代一般传统的油锅和铁锅，这样可以大大减少油的用量与摄取，也会潜移默化地培养我们口味清淡的习惯。

如果是一个人吃饭，请记得用最小号的碗或餐盘，把食物分到自己面前来吃。即便是和朋友一起用餐，也尽量点分量最小的菜，用小碟分装。用多大盘子吃多少东西，相信我，尤其是吃自助餐时，盘子或碗的尺寸越大，你装的食物也就越多，吃的也就越多，热量摄入也就更多，体重控制也就越困难。

零食分级化

为了防止自己因为太饿而狼吞虎咽，在正餐开始时克制不住，建议平时预备一些用来垫饥的零食。这些食物可以解馋（以免压抑过久结果吃下一整只罪恶的芝士蛋糕），也可以缓解低血糖等症状。需要提醒的是，对于零食，绝对不可以采取“别腹主义”，就是好像有另一个胃来装零食。零食的摄入要算入正餐的范畴，并且最好能在脑海里加以分级。根据不同的等级，可以鼓励或限制自己吃得多少。例如肉干、蜜饯、薯片、蛋糕等在制作过程中已将油脂锁在食物内部的腌渍品，就属于“限制级”零食。要知道，与其因为吃这些体积小巧油脂却惊人的食物而发胖，还不如胖在法式大餐这种显性食物上，否则真的太冤枉！

“指导级”零食表示可以少量食用，包括像是烘烤的核果与瓜子等种子类零食，或是梳打饼干和巧克力。坚果类食物具有抗老化、抗氧化、防摄护腺癌等多种好处，但是油脂和热量很高，想想家里大桶的花生油葵花籽油就是从它们变来的吧！梳打饼干和巧克力也可以给身体提供热量和缓解饥饿时的低血糖，但是一包饼干就有近500卡路里，所以最好买那种两三片分装的独立小包。

“建议级”零食则允许多多食用，甚至鼓励可以作为正餐的搭配。最具代表性的就是低热量、低脂肪、高纤维的蔬果干或魔芋条，关东煮店里的魔芋丝、海带结、香菇串也很健康，不过尽量不要加酱料或汤汁。此外，上班族们还可以将胡萝卜、西芹、小黄瓜等蔬菜切成条装进方便纸杯里，作为工作休闲时补充纤维素的“色拉棒”或蔬菜杯，也非常营养健康。

BLOG 6

用餐六件事

关掉电视吃

吃饭的时候关掉电视，和看电视的时候不要吃东西，其实是双向的。当你一边吃饭一边看电视的时候，往往意识不到自己究竟吃了多少东西。因为你的注意力完全集中于电视节目，而根本忽略了肠胃传来“已经吃饱啦”的讯号。据美国一项有73个志愿者参加的试验显示，人们看一个小时电视吃掉的东西，要比看半个小时电视吃掉的多28%。所以建议把电视和进食这两件事情彻底分开，沙发旁边不要摆放零食，餐厅也不要放有电视。

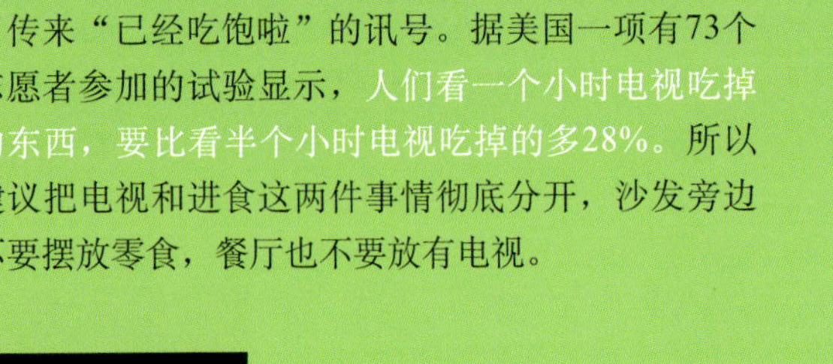

酱汁蘸着吃

无论是白斩鸡也好、蔬菜色拉也罢，不管中式西式各种菜肴，只要有配酱料，就尽量避免使用或少量使用。酱汁都是高盐高糖高热量，比主菜本身更罪恶。所以切记不要把整碗酱汁淋在主菜上，而是放在一边蘸着吃。吃色拉可以用叉子蘸上色拉酱再去叉色拉，吃白灼类菜品记得用筷子夹起来去蘸酱汁，而不要用勺子挖到自己面前的碗里。

食不言寝不语

古人说话真的很有道理，那么多年前就知道吃饭时聊天不是好习惯。据美国某大学教授进行的研究表明，当你与另外一个人一起进餐时，你会比自己单独进餐多吃大约44%的东西。如果是和12个人吃饭，大约会多吃76%。边吃边聊，往往就不会注意自己吃了什么、吃了多少。聊天是个互动性事件，比看电视要投入更多的注意力，这种时候你哪里还能注意到肠胃早已饱饱，而是随着身边人的话题、情绪继续举起筷子。

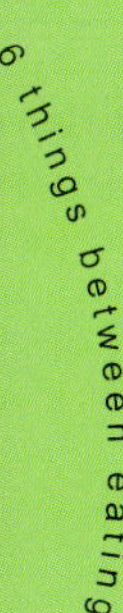

准备一碗“洗油水”

外食族比较难以控制每天饮食的摄入，应酬和聚会的时候，不要太顾及面子问题，记得问服务员多要一只碗（中号的），装满纯净水或热水。每吃一口油腻的或勾芡的菜前，都放在碗里“洗”一下。不仅减缓进食速度，最重要的是让每餐热量降低至少1/3以上。如果是吃火锅或川菜，也可以另外准备一小碗醋，去腻又解辣。吃到一半请服务员重新替你更换面前的碗，别怕丢脸！瘦身不丢脸，肆无忌惮的胖子才最丢脸。

BLOG 6

每一口咀嚼20次

不管是找一位习惯于细嚼慢咽的朋友一起就餐，还是自己一个人默默数着咀嚼的次数，总之狼吞虎咽真的是瘦身大忌。胃的饱足信号需要至少20分钟的时间才能传送到大脑，所以减缓进食速度会更容易产生饱腹感。细嚼慢咽也会减轻消化系统的负担，养成这样的习惯以后，食量也会渐渐变小，再也不用担心自己是吃不饱的大胃王了。

剔除可见脂肪

清楚地看见你吃了什么，这是健康饮食的关键。经过烧烤或油炸类的食品比较“面目模糊”，外面多的那一层就是脂肪含量和热量最高的部分。所以吃东西的时候一定要睁大你的“火眼金睛”，至少将肉眼可以分辨的脂肪剔除。譬如吃披萨的时候尽量不要吃面饼底部吸饱油脂、烤焦的部分；吃鸡肉时先去掉表层的皮、捞掉高汤上的浮油；如果必须吃油炸食品，也尽量将外层包裹的面粉和动物表皮先去除。更不厌其烦的MM，在吃五花肉的时候愿意一层一层剔去肥肉部分就更好啦！

进食顺序很重要

很多人都说应酬饭局难以避免，可即使这样也不可以听天由命地大吃特吃了。一般外面餐厅上菜都有主次先后，你可以选择适合的菜或是适当的顺序来吃。如果有开胃汤就先喝汤，这里说的不包括含有淀粉勾芡的羹类和罗宋汤喔，最好是清淡的菌菇汤或是蔬菜汤。先喝汤有助于控制食量，然后可以多吃蔬菜，让你在不增加热量摄入的情况下，有更快的饱腹感。其次是肉类，首选海鲜、鱼类和鸡肉，牛羊肉次之，最后是猪肉。这些都吃完后可以稍事休息，感觉一下是否已经吃饱，最后再考虑要不要吃米饭或者主食。

需要提醒的是，有些蔬菜如茄子、蘑菇、青菜、土豆等很容易吸收大量油脂。建议尽量水煮后再蘸佐料。如果不可避免地要吃西餐，也可以选择只吃披萨的馅料部分，不吃底层和外皮；多吃色拉，拒绝酥皮奶油浓汤和焗饭等高脂高热食物。

Point

fine habits and customs

BLOG 6

餐后两件事：

吃完饭就买单

很多人在餐馆里吃完饭以后都还会坐一下再买单，等服务生完成结账、收银、找零之后，已经又30分钟过去，才站起身来离席。殊不知这宝贵的半小时正是脂肪堆积的黄金时间，尤其在腰腹部位，再站起来已经凸如小山了。

吃完饭尽快买单的好处是，不仅可以向自己下达“我已经吃饱了”的指令，同时敦促身体尽快站起来，走动走动。饭后半小时是消化的黄金时间，一定不要懒懒地坐着，让血液全都集中到胃里，整个人昏沉沉。早一步站起来，腰围就小一公分。

2 things after eating

汤汁类的菜不要打包

没吃完的菜，打包带回去是环保的好习惯。不过有些菜如果因为舍不得浪费而打包带回，吃了以后就要浪费更多的时间、精力和金钱来弥补后果，反而得不偿失。带有浓汤的红烧肉、勾了芡的宫保鸡丁、年糕小排、回锅肉等油煎类的食物都名列其中。油炸、勾芡和浓汁本来就是菜里热量最高的部分，重新加热的剩菜更容易将这些“精华”都全面吸收，所以很多人会觉得剩菜好吃，就是因为这些高盐、高油、高热、高脂的汤汁带来的美味陷阱。如果真的要打包，就把菜挑出来，汤汁滤掉吧。

BLOG 7

大餐后急救方案

Please help me!

冬天会长胖的原因，很多MM都总结为节日太多，“大餐车轮战”接二连三，感觉是在加速加倍囤积脂肪。虽说有“马后炮”之嫌，不过大餐之后的补救措施也确实是亡羊补牢，为时未晚。而正确了解这些防止脂肪过度囤积的方法，也能在下次吃大餐之前有所警戒，嘴下留情。

首先要破除迷思的是，大餐后的“催吐”不可取。有不少MM通过暴饮暴食来减压，之后又害怕吃下去的东西影响身材，常会在吃完以后到洗手间用手指抠嗓子，把才吃下肚的食物全都吐出来，认为这样就等于没吃过。有些MM甚至惯用此法，一天里面反复催吐好几次，还美其名曰“无负担品尝”，其实都是非常错误的观念。

催吐对健康有多大危害，相信试过的人都多少能感觉到。灼伤刺痛的食道、被动呕吐时咽喉窒息般的痛苦、脸部毛细血管爆裂留下的印迹，还有胃被掏空后的不适，这些都还只是表象上的。胃酸属于强酸，不仅会灼伤食道和声带，一旦长期催吐造成胃食道逆流，更有可能引发食道癌，

其腐蚀作用还会造成满嘴牙齿都烂掉。催吐时，食道可能会因承受很大压力而受伤，甚至造成内出血。习惯性催吐会导致肠胃功能紊乱甚至衰竭，皮肤也会黯淡无光，久而久之还可能引发厌食症。最最重要的是，吐出来的东西是不是就真的等于没吃过？其实并不是这样。食物从进入口腔起，消化和吸收就已经开始。口腔里的唾液淀粉酶会消化糖类和淀粉类，而菜肴中热量最高的油脂、酱料等也已经如数吸收，吐出的却是大部分营养和纤维素。所以无论从健康角度还是瘦身成效上，催吐都是最不可取的方法。

既然吃下去的东西已经不能再吐出来，那是否有些什么挽救方法呢？如果摄入一顿总热量超过1500卡路里的大餐，后续72小时内都属于“有效急救时间”。

BLOG 7

大餐后3小时：不要停

刚吃完饭的三小时最为关键，简而言之就是“不要停”。不要坐下来，不要躺下来，尽量以散步或是洗碗等轻松家务为主，K歌或是逛街也不错，不过切记再不可继续进食，包括任何含糖饮料以及果汁。不要迷信什么“饭后一颗水果助消化”，这种时候再吃任何东西都只会单纯地增加热量。建议可以在饭后半小时泡一杯普洱熟茶或乌龙茶，既解油腻又能促进消化。在这三小时内，尽量不要停下来，让身体开始适应漫长的消化吸收过程，以平缓和持续的轻量运动保持热量消耗的平衡，不要给脂肪迅速囤积的时间。

大餐后6小时：单项食物或腹部按摩

经过6小时的消化，大部分食物已经从胃里到了小肠，该是吃下一顿饭或者休息的时候了。如果是晚饭时间，建议以蔬菜色拉、白煮鸡胸肉、清蒸鱼或红豆薏仁汤为首选。记得吃单项食物，也就是三选一或四选一，不要吃了肉类又吃淀粉质，或者蔬菜和肉都吃。吃单项食物会让肠胃的吸收变得轻松，有助于体内沉积废物的排出。如果已经到了夜晚的休息时间，则建议平躺在床上，双手掌心向下，以顺时针画圈的方式按摩肚脐周围。用力要均匀，节奏和呼吸保持一致，按摩5～10分钟。这样的按摩有助于肠道运动，促进排便。

大餐后24小时：低碳水化合物

吃完大餐后的隔天，其实已经开始要为之前的口腹之欲“谢罪”。身体完成一次能量摄入、消化吸收和脂肪储存的过程大约需要三四天时间，这期间应该保持低碳水化合物摄入、增加有氧运动，加速体内热量消耗，避免过多热量转化为脂肪。等身体趋于平衡，可以重回正常、规律的生活状态之后，再逐渐恢复正常饮食。

low carbohydrate

早上起床后可先饮用一杯柠檬汁。柠檬汁偏碱性，刚好可以和偏酸性的人体中和，代谢沉积一夜的体内废弃物。然后配上一杯无糖豆浆、一颗白煮蛋和一颗苹果，全面补充维生素。午餐则尽量清淡，多选用一些高纤的绿色蔬菜，如青菜、芹菜、甘蓝菜、茄子、西红柿等等，尽量用水煮或做成色拉的方式来吃，荤菜以瘦肉、鱼、虾和豆制品为主。如果要吃米饭，尽量控制在平时饭量的1/2到1/3，并且尽量细嚼慢咽。晚餐可以选择低热低糖的蔬菜水果打汁饮用，去除暴饮暴食后体内残留的毒素。例如混合胡萝卜、黄瓜和西芹汁，在肆意大餐后，瘦身的初期十分实用。为了让身体尽快进入减磅状态，还应该多喝水。普洱茶、乌龙茶、绿茶和红茶都有助于脂肪的分解，降低血脂。除了蔬菜汁以外，还可以补充一瓶低脂酸奶，加强体内活性。

BLOG 7

48Hour

aerobic exercise

大餐后48小时：有氧运动加加油

除了继续前一天的健康饮食之外，大餐后的48小时可以适当摄取一些高纤维的碳水化合物。尤其是全天新陈代谢最快的早餐时段，应该充分补足营养，为一天的运动和生活加满电力。推荐主食以富含粗纤维的燕麦粥、玉米粥和全麦面包等粗粮为佳，再配上一杯脱脂牛奶或无糖豆浆。最关键的是要辅以一些加速身体代谢和脂肪消耗的有氧运动，例如爬楼梯、慢跑以及跳绳，都是非常简单且行之有效的运动。需要提醒的是，注意持续运动时间不要少于30～40分钟，才能保证脂肪的充分燃烧。

大餐后72小时：无氧运动好塑形

为了加强有氧运动的瘦身成果，帮助身体更好地塑形，修饰线条，可以在大餐后的三天内（即72小时左右）多做一些无氧运动。这些运动无论是在健身馆或是家里都可以完成，譬如举2～3磅的哑铃做手臂收紧练习，仰卧起坐练习，或是深蹲练习都很有效，每组做12～15次，连续3组，让身体肌肉得到柔和而有效的刺激。饮食方面则是尽量清淡就好，不必太过极端。有些MM认为，大餐后通过纯素食或者只摄取蛋白质的方式可以达到减肥瘦身的效果，但其实这种方式只在初期有用。因为人体一旦适应了素食状态就会自动调节新陈代谢来适应身体的需求，长此以往不但效果不明显而且体质会下降。所以主动运动加被动节食，养成良好的生活习惯才能达到并且进一步巩固减肥效果。

BLOG 8

"5W"肠道工作量考勤表

很多瘦身中的MM都非常关注自己有没有多吃，有没有做运动，这些都是瘦身中的"加法题"。然而身体有没有顺利"排泄"，却可能是比吃和动还重要的"减法题"。当你每天都要担心自己是不是便秘了，会不会顺利"嗯嗯"，今天会拉出"香蕉便便"还是"弹珠便便"，甚至已经出现痔疮、肛裂等等困扰，很可能就是肠道每天的工作量过小或是过大反映出的问题。试想，我们的身体就像一台机器，每天吃进去的食物是燃料，产生热能和动能以维持整体的正常运转，燃烧产生的有毒有害成分被作为废弃物排放出来。如果燃料加入过多而机器运转过少，机身里贮存的燃油就会越来越多，越来越笨重。而如果废弃物无法排出，无论加入多高档的燃料，都会变成负担。一旦累积到某个程度，可能直接就无法运转，甚至导致整部机器报废！所以要提醒所有准备开始瘦身或是正在瘦身中的姐妹们，先要充分了解自己的身体，尤其是肠道系统的工作量需要时常考勤，确保便便的畅通无碍。

check on your intestinal

没错！这里所说的"5W"肠道工作量考勤表，和我们知道的新闻5W法则是一样的。用五个

W即WHAT、WHY、WHO、WHEN、HOW来解释，就可以清楚地了解我们的肠道，找出便秘的症结所在。要知道，便便可不会因为你“日积月累”就生出利息来，存着也不会有任何好处。但是通过便便，就可以了解肠道和身体的运转状况，以及你的体质是易瘦还是易胖，瘦身成功的概率有多大，因此也是我们重要的健康指标喔！

BLOG 8

WHAT——什么是便秘

便秘虽说是很常见的问题，然而并非人人都知道什么是便秘。很多人早已将不正常的排便习惯视为理所当然，便秘了却不自知；要么就是被铺天盖地的电视广告恐吓和误导，恨不得天天“清肠”，整日紧张不安。今天到现在都没有想去厕所的感觉，是不是便秘了？没有拉出标准的香蕉状的便便，算不算便秘？如果以排便的频率作为衡量是否便秘的标准，那好像人人都应该努力得轻度腹泻，否则就很容易不合格。因为按照常规说法，没有天天排便就是便秘。

能够养成每天排便的习惯，当然是最好的。不过因为每个人的体质不一样，消化、吸收食物的速度不一样，便便的频率也肯定不一样。人吃进的食物一般经过消化道到排泄大约需要8～12小时，但据研究报道，与以前的人相比，现代人的平均消化速度只有这个数据的1/10。过去人类8～12小时就能消化掉的食物，在现代人缺乏纤维素及少吃蔬果的状况下，竟然需要80～120个钟头。也就是说，你现在吃下去的食物，可能要将近三天后才会被“嗯嗯”出来，难怪对于很多人来说，一天一次的“嗯嗯”习惯真的是“很奢侈”。

所谓的便秘，应该说是无法规律自然的排便，并因此感到不适的状态，或即使有了便便，在排出时和排出后也有各种不适症状——每次便便时间超过10分钟、便便排出困难和便便次数减少都属于便秘的主要症状，还包括痔疮、肛裂、出血，面部痤疮、色斑，食欲减退等等，有时候甚至也表现为交替便秘和腹泻这样的肠道紊乱状况。因此，就算你没有每天便便也不一定就等于便秘了，然而就算你每天都便便，可是每次都很痛苦或是需要通过药物、栓剂等方式刺激，也仍然是便秘族之一。每个人应该根据自己的情况，有些人习惯2～3天“嗯嗯”一次，也没有任何不适感，只要形成身体的自然规律就好。

BLOG 8

WHY——为什么会便秘

来自小肠的液体状食物残渣，在大肠里吸收了水分以后，形成了固态的便便。便便在肠道的收缩和蠕动下往前传输，像是坐上一列小火车，经过上行结肠、横行结肠、下行结肠，最后到达终点站肛门并排出。这样一个过程不顺利，一定是中途的某站出现问题，原因类型也因人而异。

我们一般认为，不合理的饮食习惯是导致便秘的直接原因。如食物内纤维素含量太少，肠道内水分过分吸收，造成大便干燥而排出困难；不良的排便习惯，混乱的生活规律，缺乏运动和睡眠，长期以结肠刺激性泻药治疗，环境和排便体位改变以及妊娠、老年和营养不良等也都可能引起便秘。除此以外，如果患有一些体内疾病，内分泌紊乱、良性和恶性肿瘤、直肠溃疡综合症、子宫内脱垂及子宫后倾、神经肌肉病变等也会引起便秘。

很多人都是看到电视里铺天盖地的通便类药物而警醒起来，原来身体里有这么多宿便啊，赶快要来清除！这些药物虽然向民众普及介绍了便秘的危害，却也给大家造成了不小的恐慌。要知道，过多的心理暗示和精神压力都会让便便因为“不安”而无法顺畅排出，而很多通便药里面还会有刺激肠

道，或是含有大量泻药的成分，这些都是导致便秘的罪因喔。我们的身体里面本来就有将食物消化吸收然后转为残渣排出体外这样的功能，只要能够持之以恒地保持健康生活方式和饮食结构，养成运动习惯，便便就不会跟身体作对，不愿意跑出来的！

WHO——哪些人容易便秘

有便秘困扰的人多半不好意思跟别人交流病情，甚至羞于就医，耽误了治疗。其实便秘的普遍性超过很多人想象，女性中每三人就有一人是不易排便。在中国的许多城市里，家庭成员中有便秘现象的家庭比例高达60%以上；而在日本，约有65%的女性是一天都没有排过一次便的便秘经验者，而且据说这其中，有一半以上的人并不知道自己有便秘情况。

既然便秘发生得这么普遍，到底哪些人最容易得呢？首先，在饮食上缺少粗粮和膳食纤维的人。年轻朋友们很多人的饮食结构都向欧美人靠拢，“食肉族”、“嗜奶族”主要摄入的都是高脂肪、高蛋白食物，而对淀粉类、富含纤维素的蔬菜水果不感兴趣。也有很多MM吃太多精细食品，消化吸

收后残渣少，便便量也少，结肠蠕动不能有效推动大便前移，就容易发生便秘。

匆匆忙忙的上班族以及工作繁忙日理万机，连自由上厕所都没时间的高级白领们，也是便秘的常客。他们比较容易患直肠性便秘，又叫做习惯性便秘。就是平时有了便便却强忍着不去排，或者忙啊忙啊就忘记要便便的事情，等再想起来的时候已经“烟消云散”。由于缺乏良好的排便习惯，长久下去就会造成身体神经的沟通迟钝，大脑接收不到直肠发来“我要便便啦”的提示讯号，导致便便无法顺利排出。

也有些上班族或是备考学生们容易罹患痉挛性便秘，这是由于精神上的压力过大导致自律神经失衡，大肠过于紧张，使肠道出现痉挛现象。这样一来，便便就无法规规矩矩地在肠道内推进移动，最后在肠道末端囤积、压缩成一粒一粒又干又硬的粪便粒。痉挛性便秘最容易被忽视，因为它常常会交替便秘与腹泻，或者前端的便便像弹珠一样又干又硬，后面就转为溏软甚至水便了。如果不及时治疗，很容易转变成“过敏性肠道症候群”，就更加麻烦。

瘦身中的MM们非常容易罹患迟缓性便秘，这是由于摄入的纤维质或油脂不足，大肠蠕动减缓，或是肠道的活动力降低，长此以往导致肠道的肌力退化，没有足够的力气将便便推到肛门排出体外。迟缓性便秘的人，肠道里面都会积攒很多宿便，所以肚子通常

都是涨涨的，就算每天都排便，量也很少，甚至连屁屁都很少放。要知道，这种症状其实是机体老化、功能逐渐衰退的老年人才会有，年轻的MM们如果因为减肥而牺牲了健康，可是非常不划算呢！

饮水过少或是久坐的人也容易产生便秘或痔疮。前者因为粪便在结肠中停留太久，水分过度吸收，便便就变成一粒一粒又干又硬的“小钢珠”。如经常出差的人，往往因在旅途中破坏了平时的生活规律及排便习惯，水分的消耗又比平时要多得多，不注意水分的补充，就很容易发生便秘。而长期坐办公室的人和长途汽车司机也由于长时间坐着工作，活动较少，胃肠蠕动相对缓慢。另外由于坐的时间较长，盆腔以及直肠粘膜容易引起充血，而引发痔疮等肛门直肠病变。

生活习惯突然改变也可能引发便秘，常常出差和熬夜的人最有感受。不过无论如何一定要慎用市场上所谓的“清肠药”，因为其中很多都含有泻药成分，久服会产生依赖性。我们人体自己有“清扫卫生”的能力，一直依靠外界刺激，直肠会失去敏感，反应迟钝，便便就不会自己排出咯。

除此以外，便秘还很爱找上肥胖的人。为了惩罚他们不爱运动，身体活动减少了，肠道蠕动也随之减缓。胖胖的肚子里，厚厚的脂肪层也会限制结肠的运动。所以如果你是胖胖的，喜欢吃高蛋白、高脂肪食物的便秘患者，那就赶快放下手中的蛋糕来做运动吧！

BLOG 8

WHEN——哪些时刻易导致便秘

瘦身有黄金时段，便便也有喔！其实年轻朋友只要在生活习惯上多多调整，身体一般都会有迅速而良好的反应，无需特别担心。如果这些关键时刻不好好把握，小心便便“给你好看”！

不会耗费你太多时间，只需在入睡前和起床前都坚持按摩。双手交叠，掌心向下，以肚脐为圆心，20cm～30cm为半径距离，顺时针揉肚子。记得力度稍重使腹部因受压凹陷就可以了，揉的时候想象自己一圈一圈的肠道被舒服地按摩，恢复活性，把满满的便便都运送到体外。用不着吃什么排毒养颜胶囊和清肠茶，只要坚持按摩就自然会美美的，无便一身轻！

早上起床后，先喝一杯温开水，清理身体内堆积一夜的废物，激活肠道一天的工作。稍后再喝一杯蜂蜜水或者淡盐水，如果可以，再加两片新鲜柠檬，这些都是刺激肠道产生便意的信号。记得不要匆匆忙忙就出门赶车，如果时间来不及以后就早起半小时，这半小时足够让你每天的生活都轻松很多。逐渐养成每天早晨排便的习惯，即使没有感觉也不妨去厕所里“酝酿”一下。慢慢的，身体就会适应了。

用餐时，记得选择你吃进去的食物种类。蔬菜和

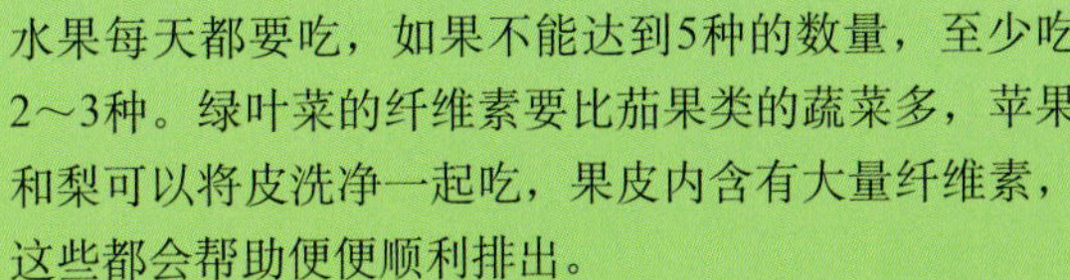

水果每天都要吃，如果不能达到5种的数量，至少吃2～3种。绿叶菜的纤维素要比茄果类的蔬菜多，苹果和梨可以将皮洗净一起吃，果皮内含有大量纤维素，这些都会帮助便便顺利排出。

每餐饭后，建议还是坚持半小时内不要坐下来。久坐会导致便秘和痔疮，不妨在公司或者家旁边散个步，或是洗碗、收拾房间等轻度运动，都会促进肠胃顺畅消化，也给身体增加一点运动量。这种时候泡一杯茶不失为消食、促消化的好时机，记得饭后半小时再饮用喔。

HOW——告别“弹珠便便”有妙招

好讨厌喔，再也不想去厕所了！每次坐在马桶上紧闭双眼、紧握拳头、咬牙、皱眉，便便还是出不来，真的快要泄气了！告别痛苦的排便经历，让“弹珠便便”从此消失，就要和这些肠道喜欢的食物做好朋友。

纤维类食物

我们都知道要多吃富含膳食纤维的食物，才会轻松便便。膳食纤维可以分为水溶性和不溶性两种。水溶性纤维比较滑溜溜，有点像果冻或是胶质一样，可

以在肠道内包锁住水分和消化过程中形成的垃圾一起变成黏糊糊的啫喱状，易于在肠道内向前推动。它们是肠道益生菌最喜欢的食物，所以能够增加益生菌的数量，对于调整肠道环境也有很大功效。不溶性纤维会在吸收水分后变得膨胀，增加便便的体积，刺激肠道蠕动和加速排空。所以对于消解便秘十分有效，使有害物质不至于停留在肠道内。南瓜、燕麦、糙米、牛蒡、西兰花、红萝卜、豆类和其他多种蔬菜及水果都是富含水溶性和不溶性纤维的食物，这两种纤维都是人体每日所需的健康卫士，最低不可以少于15克喔！

20种富含膳食纤维的食物

食物	含量	食物	含量	食物	含量
牛蒡	6.1%	紫菜(干)	21.6%	毛豆	2.1%
魔芋	2.2%	海带(鲜)	11.3%	草莓	1.4%
西兰花	3.7%	黑豆	10.2%	绿豆	4.2%
南瓜	4.1%	枸杞子	16.9%	口蘑	6.9%
竹荪(干)	46.4%	黑芝麻	14%	银耳	2.6%
香菇(干)	31.6%	燕麦	13.2%	木耳	7.0%
木耳(干)	29.9%	胡萝卜	2.9%		

dietary fiber 5w

发酵类食物

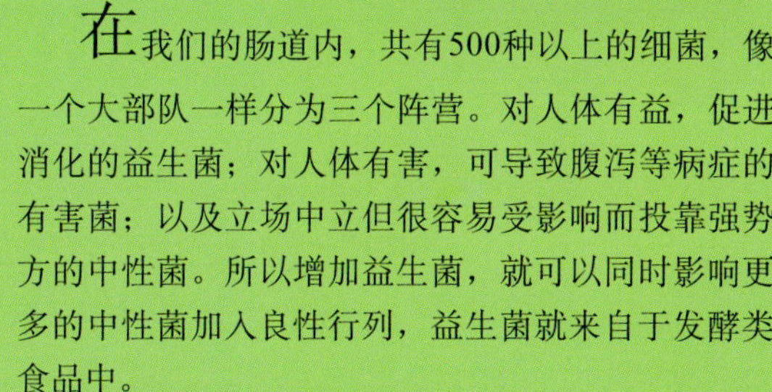

在我们的肠道内，共有500种以上的细菌，像一个大部队一样分为三个阵营。对人体有益，促进消化的益生菌；对人体有害，可导致腹泻等病症的有害菌；以及立场中立但很容易受影响而投靠强势方的中性菌。所以增加益生菌，就可以同时影响更多的中性菌加入良性行列，益生菌就来自于发酵类食品中。

发酵类食品的明星团队就包括大家熟知的酸奶、芝士、腌制出来的韩国泡菜、日本纳豆、东北酸菜、味噌、酱油、米醋和米酒。如果我们在一天的饮食中吃了太多肉类，而忽略了蔬菜、谷物及水果的摄取，就可能导致体内膳食纤维不足而引发便秘。这种时候就应该吃一些富有乳酸菌的酸奶或是其他腌渍发酵类食物，增加体内益生菌，让肠道变干净喔。

BLOG 9

一学就会创意排毒餐！

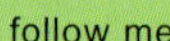

cooking so easy

吃是健康的第一大要务，对于很多“上得厅堂下不得厨房”的MM们来说，想要一下子学会高级料理，变成会吃兼会做的美食达人，确实有点难度。长期吃外食不仅让身体的负担变重，饮食失衡造成亚健康，也会使体内的废物和毒素持续积累，不利于瘦身，更不利于健康。下面要教给各位MM的，是非常简单又非常有创意的一些排毒料理，即使从未下过厨的菜鸟也可以在朋友面前露一手，寄宿在学校不便烹炒的同学也可以尝试喔。

良药不苦口之盐汽水苦瓜

人人都知道苦瓜含有丰富的维生素B、C，钙，铁，中医的说法是可以除邪热、解劳乏、清心明目、益气壮阳，还可以降低血糖，苦瓜里含有0.4%的清脂素，更是对肥胖有特效的天然瘦身药。然而因为苦涩的口味，生吃苦瓜总是让人望而生畏，如果炒着吃又担心破坏了其中的营养成分。其实无需更多复杂的料理，只需要一罐盐汽水和一根苦瓜就可以做出一道可口又精美的夏日冷盘，不仅保持了苦瓜爽脆的口感，更带有汽水的清甜，去除苦涩。盐汽水的热量配苦瓜高纤维，绝对是瘦身的首选呢！

STEP1：选材时，注意苦瓜身上一粒一粒的果瘤。颗粒愈大愈饱满，表示瓜肉愈厚；颗粒愈小，瓜肉相对较薄。如果苦瓜出现黄化，就代表已经过熟，果肉柔软不够脆，失去苦瓜应有的口感，所以应该挑选色淡、有光泽表皮的苦瓜。

BLOG 9

STEP2: 将苦瓜洗净去头尾，竖刀一切为二。带籽的白色瓜瓤部分，可以用多功能刨刀挖除。

step by step

STEP3: 把苦瓜尽量切成半透明的薄片，注意切的时候下刀可以倾斜一些。

STEP4：把切好的苦瓜薄片加水，放在微波炉里高火加热1~2分钟。这个步骤相当于将苦瓜氽一下以去除苦味。

balsam pear

STEP5：沥干水，放凉后装盘，把冰镇盐汽水（或是雪碧和七喜都可以喔）浇在苦瓜薄片上，就可以吃啦！

BLOG 9

无油无糖之健康蔬果干

很多MM都喜欢吃红薯干、苹果干、果蔬脆片之类的零食，也觉得它们富含果蔬中的纤维素，对身体有益。然而很多的蔬果干都是经过油炸、烘烤加工，加入了大量的油脂和糖分以及防腐剂，使健康指数大打折扣。既然如此，索性不如在家里DIY。无需烤箱，只要普通的微波炉和纸巾就可以咯。

STEP1：膳食纤维多的食材，只拿够一次吃的量来做料理，可以起到控制热量的效果。记得选择简单且不易吃腻的食材，如果不准备另外蘸蜂蜜，南瓜、苹果、红薯这种本身含有糖分较多的蔬果会很合适喔。

STEP2: 将南瓜洗净，把籽完全去干净，带皮削成1~2毫米厚的薄片。香蕉剥皮后切片。

banana & pumpkin

STEP3: 在微波炉的转盘上铺上2~3张餐用纸巾，不重叠地将切成片的果蔬排好，高火加热约4分钟。

BLOG 9

STEP4：将果片取出，用纸巾从上方轻压吸除水分，并将转盘上的水分擦干，之前吸了水的潮湿纸巾扔掉。

STEP5：铺上新的纸巾，重新将蔬果片依次排好，高火加热约2分钟，注意因微波炉功率不同而控制时间，防止烤焦！

Finish

banana & pumpkin

STEP6: 完工啦！即使残留些水汽，待冷却之后果片就会就会变硬变脆喔！可以根据各人口味蘸蜂蜜或调味酱吃，原味的更健康！

BLOG 9

宵夜不发胖之红酒浸西柚

西柚又叫葡萄柚，不仅含丰富的维生素C和维生素P，而且是少有的富含钾而几乎不含钠的水果，糖分和热量也都很低，对减轻身体负担，排出体内毒素非常有帮助，瘦身人士的餐单都少不了它。新鲜西柚略有苦味，所以可以尝试做成一款法式甜品，这样美容养颜的简单料理，即使在临睡前吃也不用担心会发胖啦。

STEP1：西柚的种类太多了，形状、大小、果肉、颜色各不相同。有果肉呈白色的马叙葡萄柚，又叫做无核葡萄柚；也有种子较多，果肉略苦，果皮较厚的邓肯葡萄柚；以及果肉呈红色的汤姆逊葡萄柚。如果是榨汁则可选择果皮比较厚的西柚，然后将果皮和果肉一起榨。在选择做甜品时最好选择红心的西柚，口感比较清甜。

STEP2：尽量保持西柚果肉部分的完整，果皮分离后将西柚剥成橙子状的一瓣一瓣，注意不要太大块，否则比较难以入味。同时也可以另将雪梨切块，一起装在中号的碗里。

STEP3: 在碗内倒入红酒，要将果肉完全浸没，然后蒙上保鲜膜放入冰箱冷藏室，腌制4~6小时。

grape fruit

STEP4: 完工啦！酸甜可口、美容养颜的甜品一道，也可以蘸蜂蜜或配芝士吃，别具风味喔。

BLOG 9

排水养颜之红豆杞枣汤

水肿的问题，很多MM都有。按照中医的理论，稻子生长在水田里，所以本身就带有很大的湿气。我们每天吃的大米就从水稻而来，所以用大米煮的汤粥都是黏稠浑浊的，这就是湿气，而不加大米煮出来的汤粥都是清的，这就是以米饭为主食的人比较容易出现水肿的原因。红豆和薏仁都能够利水去肿，本身所含的碳水化合物也足够作为主食产生饱腹感。煮过红豆汤和薏仁汤的MM都知道，只要不添加另外的水淀粉或者大米，红豆和薏仁的汤都很清澈不黏稠。红豆能通小肠、利小便、去肿胀，薏仁更是美白和排水圣品。这两者放在一起炖煮，加上枸杞和红枣，绝对是爱美的女生养颜去湿气的佳品。

adzuki bean & barley rice

STEP1：红豆、薏仁洗净，泡水一夜胀大后，连同泡着的水一起大火煮开。

STEP2: 将已经煮开的红豆薏仁汤倒入电饭煲中炖煮。约半小时后加水一次，注意红豆和薏仁是否已经煮到翻花。喜欢吃硬一点口感的MM可以在红豆和薏仁稍稍煮烂的时候就加入红枣和枸杞继续煮，如果喜欢吃软糯口感的话，建议等红豆已经差不多一半煮成豆沙状时再加入红枣和枸杞。

STEP3: 大约一小时后就完全煮好了，MM们可以根据自己口味加糖。需要提醒的是，红豆属于感旋光性食物，白天吃了容易长斑，建议晚上服用，效果更好。

hurry up !!
hurry up !!

做得多不如做得对

如果你不打算把自己练成少林武僧
也不准备要去报名参加下一届奥运会
仅仅是为了穿进小一号的牛仔裤
或者从此甩掉“胖妹”的称号
那么利用生活里的零散闲余来做运动就足够了
只要功夫深 铁杵当然可以磨成针
不过找对卖针的商店
似乎比练功夫更实际有效
无需为了瘦身而过度运动
你的时间和心血 值得去完成更重要的事

BLOG 10

4A健身馆是什么

4A gym

没错！你一定有听过4A广告公司，可是从没见过什么4A健身馆。这可是不需要缴费、不需要排队、不需要闻汗臭味，只要牢记以下四大准则，就能随时随地像哆啦A梦的万能胶囊一样“砰”地从原地变出来的私人健身馆喔！

4A = Anytime+Anywhere+Anyone+Anything

这里的四大准则就是：任何时间、任何地

点、任何人、任何物品，都可以拿来为你的瘦身大业所用。

任何时间Anytime

不管晴天雨天还是下大雪，不管此刻你在上班还是看电视，时间不是问题，没有时间更不是问题，减肥的理念本来就是全年无休的！

任何时间Anywhere

别再把理由归结到自己除了在公司计算机前面打坐就是在家里计算机前面打坐，也别挑剔瑜伽教室人太多，户外慢跑空气浊，宅男宅女们统统看过来！只要本着“立地成佛”的心，就没有不能用来减肥的地点！就连在百货公司借用公共洗手间，也可以在马桶上方练习马步蹲收紧大腿肌肉呢。

BLOG 10

任何人Anyone

相信我，你一定不会和所有人都一样，但也不至于稀有到全宇宙独此一只。所以别人可能一顿饭不吃就轻一公斤，你两天未进食饿到快要昏倒也没变瘦。然而在所有成功减肥的人里面，与其比较谁更有胖子的宿命，不如来找找成功的共性。无论你是何种顽固体质，坚持不懈，贯彻始终，才是减肥的不二法门！

任何人Anything

跳绳、束身衣、精油绷带、远红外碎脂仪……瘦身用品的花样变幻应该可以用排列组合来统计了吧！其实日常生活中就有太多足以让我们借力的减肥工具，甚至两手空空都能够做运动喔。如果你已经受够了对着家里用不着又舍不得丢掉的各种减肥工具，那就赶快行动起来，把钱省着买漂亮衣服犒赏自己吧！

List

4A健身馆之公交车大作战

对于每天“两点一线”上下班的白领们来说，搭公交车可能是很多人最激烈最持久的“运动”了。“我每天路上来回就已经有两三个小时在公交车上，怎么可能有时间减肥啦！”NONONONO，上面这句话可千万不要再说了喔——做一道简单的算术题你就知道：

通常我们会在下班后或是休息日选择去健身馆做运动，而一般公司、家和健身馆这三点的间距不会那么刚好都非常近。假设你从公司或家里出发去健身馆只需要30分钟，到了健身馆之后在更衣室换衣服、排队这些用掉20分钟，而我们真正会在健身馆运动的时间一般不超过2小时。也就是说，要完成“去健身馆做运动”这件事情，并不会比搭公交车省时，而实际的运动效果却不可知（相信大家多少都曾经有过在健身馆里偷懒闲晃，在游泳池里泡水发呆的经验吧）。所以如果把在路上搭公交车所用的时间好好利用起来，每天坚持，甚至会收到比去健身馆还要有针对性的减肥特效喔。

sports on the bus

BLOG 10

STEP1：公车站30秒拉筋操 小腿拉长长

在公车站等车的时间通常很无聊，公车站拉筋操可不是什么大幅度动作，所以不用担心会被人视为精神病甚或被警察带走。一般我们在健身馆开始上课前后，都会跟着教练进行肌肉的拉伸练习。在一些瑜伽和普拉提课程里，也经常看到此类拉伸肌肉线条的动作。现在我们就将女生最最关键的小腿线条放在公车站练习，穿短裙和牛仔裤的时候如果有一双修长漂亮的小腿，一定可以大把谋杀路人的眼球呢！

实战要点——双脚前后开立，后脚的脚掌前1/3处踩在公交车站台的台阶上，重心下落让脚跟向下踩，使整个后腿肌群都得到极限拉伸。前脚保持身体平衡，注意不要施力，膝盖可微屈，注意力集中在后脚。注意这个动作一定要保持至少30秒才有效喔，然后再换脚做，如果公交车没有那么快来，可以每只脚轮换2～3次，对于拉长小腿肌肉群非常有效！

sports on the bus

STEP2：吊环一分钟塑手臂 蝴蝶袖拜拜

终于上车啦！可是人好多，放眼望去都没有空座位，索性就继续瘦身作战吧！公交车站立区上方的吊环是可以利用的好物，而且在动荡的车厢里极具隐蔽性和实用性。只需轮换单手握环，或双手握环也可，只要别太过用力导致肱二头肌暴起吓到别人。然后，稍稍用力使手臂支撑身体的部分重量，体重基数较大的同学请注意力度不要过大，以免损坏公共财物……每只手臂坚持一分钟左右，量力而为即可。这样轮换交替，不仅会收紧、美化手臂和肩部线条，还能让烦人的蝴蝶袖逐渐拜拜喔！

step by step

BLOG 10

STEP3：坐下也不放松 小腹紧绷绷

虽然瘦身的成功法则之一就是“不许懒”——能站着就不要坐，能走路就不搭车。不过碍于现实状况，遇到必须搭车和必须坐下的情况，譬如整部车有一半空位，你硬要站在空荡荡的车厢里就很奇怪了，这种情况也仍然可以将瘦身的理念进行到底。很多MM抱怨自己小腹上的游泳圈越来越多，坐下之后侧腰和脊背的肉肉也越来越“满溢”，其实这些大多都和不正确的坐姿有关。要知道我们的身体脂肪是可以流动的，每人每天生活中的姿势体态都像水渠一样塑造着我们的脂肪流向和身体线条。如果不注意生活中的这些小细节，仅靠在健身馆或瘦身中心的短暂时间，是远远不能达到效果的。

坐，要有坐相。正确的坐姿应该是脊柱挺直，双肩自然放松，小腹收紧，也就是所谓的“气沉丹田”。注意身体重心应该是略向后仰的，可以尽量贴近椅背，但不要整个身体的力量都靠过去。然后将膝盖并拢，用小腹收紧的力量支撑起两条腿的重量，使脚跟微微上提。这个时候要靠整个脊背略微后倾的角度来保持整个身体的平衡，必要时可以用手轻轻扶一下，但务必记

得所有的意念和力量都集中在拼命收紧的小腹。现在用手指戳戳自己的小腹，是不是硬得像练闭气功一样呢？如果可以将膝盖抬得更高，使脚尖也全部悬空，连同大腿和臀部都会有在用力的感觉呢！这个动作唯一需要注意的是：保持低调。不要让别的乘客看到你坐在那边双脚离地拼命用力，会吓到别人喔。

4A健身馆之校园大作战

很多学生MM都有瘦身梦，美好的校园生活当然应该像日剧的女主角一样，穿着短裙黑袜，纤细的手臂和修长的小腿，走着走着就遇到喜欢的男生……早就应该赶快把肥肉结束在暑假之前啦！可是摸摸扁扁的钱包，再看看各种瘦身会所、瘦身用品高昂的价格，只能望而却步。

节食吧！从现在开始就只吃水果餐，在寝室里偷偷用电饭锅煮瘦身汤。就这样过了一个星期，体重“象征性地”轻了一公斤，人却头晕眼花、几乎要昏倒在教室里。只要一旦恢复正

常饮食，就立竿见影地回到原来体重，天呐！难道我就是天生胖子的命吗？！

正在念书的MM们，因为身体尚处在未发育完成的阶段，加上课业辛苦，对于营养的需求是很大的。而年轻的身体新陈代谢较快，也会更容易发生减肥后复胖的惨剧，所以任何短时的、速效的瘦身方式都不建议随便采用，一直乱尝试还可能导致身体内分泌紊乱。同时，校园生活的时间相对于上班族来说宽裕很多，所以也不必花高额费用去健身馆人挤人，只要好好利用校园环境和已有的条件，就能够在不知不觉中逐渐瘦下来。

STEP 1：床铺空间巧利用 瘦腰效果好惊喜

很多住校的同学寝室里都是组合式床铺，即上层是床，下层是桌椅，通过侧面扶梯上下。这样的组合其实就很适合做瘦身运动。由于床在上层，比较接近天花板（个子较高的同学可能坐在床上就会顶到头了），非常适合进行半仰卧起坐来训练腹部肌群。所谓半仰卧起坐，就是“仰卧”的时候不躺平，“起坐”的时候不坐直，整个上半身移动的角度始终保持在90度角以内。半

仰卧起坐虽然看起来运动量不大，实际的瘦腰瘦肚子效果却比仰卧起坐大一倍！因为更加强调身体的控制力，杜绝了因为惯性而省去的力气和不正当的姿势，将所有的刺激集中在腹部，让脊椎的压力得到缓释。做的时候记得胸腰挺直，千万不要含胸驼背，不然就没效果了。双腿自然弯曲弓起，双手呈45度角向前上方平举，指尖应该刚好可以触到天花板。就以这样的高度为极点，通过腰腹的力量控制上半身的抬起与放下，重复25~30个为一组，每次2~3组。这样每天坚持的话，不出两个月就会看到腰腹收紧的好效果。

STEP 2：宿舍楼上下楼梯30分钟 胜过骑单车

有人说，如果每天上下班不搭电梯而改爬楼梯，感觉根本是在做“无氧运动”——因为太闷，缺乏空气流通。宿舍楼的楼梯多半坡度较小，与写字楼的楼梯间相比，透气性和宽敞性都要好很多，更适合用来做运动。而且，每天坚持在众多熟人出没的地方做运动，会让身边人都知道你正在努力瘦身，一方面给自已鼓励，一方面也更加起到监督作用。

虽然只是看似简单的爬楼梯，也有很大学

问。方法对不对，关系到持续意志和瘦身成效。在上楼梯时，记得踮起脚尖，只用脚前掌着地，想象自己是穿着高跟鞋在走路。这个动作可以收紧小腿肌肉，美化小腿线条，也锻炼了身体的平衡和脚踝的灵活。上楼梯的每一步应该稳健而匀速，充分感受到臀部、大腿和小腿的刺激。如果一级台阶踩一步，则重点在锻炼小腿肌群；如果每2～3级台阶踩一步，就会锻炼到大腿前侧及臀部肌群，两种步法可以交替进行。下楼梯时，记得全身放松，将整个脚掌扎实地踩在地面上，既保护膝盖尽量少受到损伤，又缓解了刚才上楼梯时绷紧的肌肉，为下一轮更大的刺激做好准备。

假设宿舍楼共有4～5层，从一楼爬上五楼、再下到一楼为一组，一般每次做20组，或是以整体运动时间在30分钟为宜，身体逐渐适应以后可以增加至40分钟。如果不会出现皮肤过敏的状况，还可以在爬楼梯的过程中裹上保鲜膜，或是穿上尼龙材质的瘦身衣，初练者在10～15分钟就会开始出汗，20分钟时就已经大汗淋漓。即使在寒冷的冬天，爬楼梯也是一项活血驱寒的好运动，因为脚暖了全身就都会暖，而这样一项看似简单却实则活动全身的运动，所消耗的热量可一点也不比健身馆的动感单车少喔。

STEP 3：操场大步走 肥肉甩光光

从小学到大学，几乎只要是学校都会有操场。相比起室内健身馆的人满为患、空气混浊，操场其实是更加自由自在、功能庞大的露天健身馆。不同的只是健身馆比较讲究集体意识，当你身处这个环境，就会不自觉地被周围的人群所感染，似乎无论如何也应该动动胳膊动动腿；而操场则更强调个体行为，只要你不妨碍到别人，或是做出太怪异的惊人之举，没有人会管你在干嘛。尤其是晚上的操场，非常适合住校的同学们好好利用。

在有双杠等健身器械的操场上，很适合做一些缓慢而舒展的拉伸运动。如站立在双杠的一边，双手抓杠，后背挺直向下压，将身体的重量平均分配在双杠和地面上。这个动作可以拉长整个大腿和小腿后侧，以及绷紧手臂线条。记得背完全压下去的时候，头要抬起来，以防脑充血。记得，所有的拉伸动作都应至少保持一分钟以上，并经常反复，才能达到拉长肌肉线条的目的，否则只有短短10余秒的动作，就和伸懒腰没什么两样啦。

BLOG 10

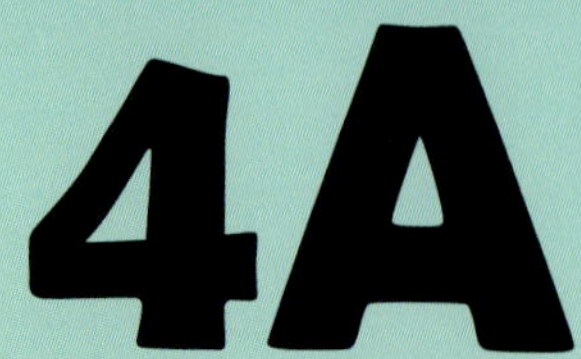

在操场上，如果不想太受人瞩目地跑步，其实大步走也是非常好的运动。走路的时候一定要牢记“紧腰、收腹、夹屁股”三大原则，用大腿的力量带动步伐，每一步都感觉到自己的臀部在收紧，脊椎挺得直直的，有点像竞走运动员一样。大步走不仅适用于操场，更适合贯穿在日常生活中。也就是说，如果可以每次走路的时候，都更用力、更专注、更有意识地调整体态，游泳圈和大象腿就会逐渐消失。这一方法也在台湾艺人大S徐熙媛的《美容大王》中有所介绍，只要坚持“紧腰、收腹、夹屁股”这三大原则，久而久之就会拥有“微笑曲线”的臀部和修长迷人的大腿咯！

4A健身馆之OFFICE大作战

ts in the office

对于很多每天朝九晚六的上班族来说，办公室占据了他们24小时中至少1/3的时间。像是交换条件一样，越是工作业绩优异的人，越有可能得到额外的“奖励”：身体水肿、鼠标手、颈椎病、肩周炎、凸小腹……这些问题都和工作状态过于单一、缺乏运动有关。有些企业为了改善员工的工作环境和状态，配备了健身房和“减压室”，员工们可以在跑步机上活动筋骨，或是对着一个代表老板的人形玩偶大练拳击。然而这仅仅是条件较好的企业中才有的情况，大部分人还只能局促在小小的格子间里，动弹不得。好容易熬到下班，今天难得不用加班，已经整个人累到如同一张被吸干水分的白纸，软软的只想耷拉在那里，完全提不起精神运动。这样久而久之，即使有想要去运动的念头，也只是电光石火的冲动；或是办了昂贵的健身会员卡，然后只去了几次就束之高阁。如果能够因地制宜地将办公室当成瘦身的主战场，不仅可以随时随地为瘦身加分，还能将运动的习惯渗透到生活中。这种低调而实用的瘦身概念，也越来越受到上班族MM们的青睐。

BLOG 10

所谓办公室运动，一定是适合在办公室进行、即使办公时间也可以偷做的运动。有很多美容杂志上介绍在办公室里做高抬腿、蹲马步、做广播体操……要是这些都可以做，那干脆在办公室里绕圈圈跑一万米算了啦！要隐蔽，要低调，要同步可以进行工作或是在工作的间隙不引人注目地穿插进行，这才是“4A健身馆”的要诀。所以接下来介绍给各位MM的运动，主要都是利用办公桌和椅子来进行的。

STEP 1：办公桌巧遮挡 “少林武功”偷偷练

真正的功夫，都在生活中。就像很多武侠片里面的少林弟子或者武当英雄，都是从砍柴、挑水这些日常琐事中锻炼内力和基本功的：每天抱一只小羊上山，小羊越长越大，内功就越来越深。所以巧妙利用身边熟悉的环境和事物，比偶尔去健身馆临时抱佛脚要有效得多。

在OFFICE里，每个人都会有自己的办公桌。办公桌最大的作用就是“掩护”，它是天然屏障，可以遮挡你在桌子下面的一系列动作。只

要你面不改色、端坐如常，一般情况下不会被发现。而所需工具，只需要几本稍微厚一点的书，就可以锻炼到最不容易减的大腿内侧肉肉，比健身馆还有效！

首先，在椅子上坐好，双腿自然弯曲，脚踩在地面上。膝盖微微分开，然后将3~5本大小相同的书夹在膝盖和大腿根的中间区域。书的厚度和重量按个人能力而自己选择增减，原则是完全用大腿中段内侧（不是膝盖的部分也不是大腿根，而是感觉比较使不上力气的中段）的力量夹住书，让它不会掉下去。为了让整个动作能坚持得比较久，建议刚开始不用夹太重太厚的书，大腿能够感觉到施力就可以。这个运动看似简单，其实坚持5分钟就会感觉到大腿的酸胀，10分钟以上腿部就会微微颤抖。对于收紧松垮的大腿内侧赘肉，修饰大腿外侧线条有奇效！如果你已经练习到炉火纯青、没有感觉吃力的境界，还可以挑战“进阶难度”，就是在瘦腿的同时顺便瘦小腹。保持双腿夹着书的动作不变，将身体重心微微后仰，踮起脚跟，用腹部的力量控制住身体平衡。因为有腿部的“负重”，仅仅踮起脚跟就已经充分刺激到腹肌，坚持40秒再放下，重复3组。当软绵绵的游泳圈和粗壮壮的大象腿一起“缩水”，很多昔日穿不上的牛仔裤就又可以重出江湖啦！

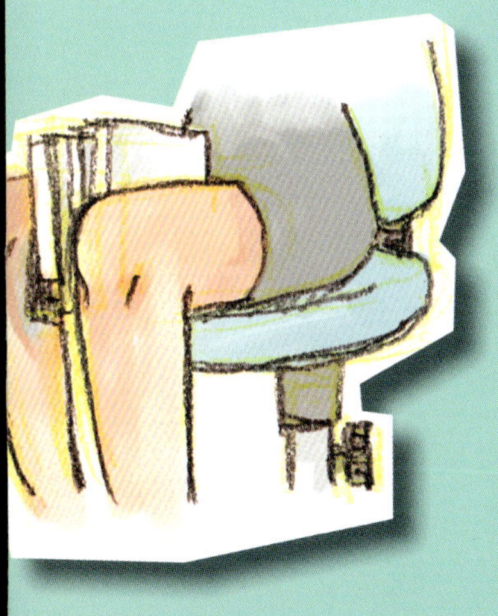

BLOG 10

STEP 2：椅子用处大 腰腿背齐锻炼

除了办公桌底下的运动，椅子也是办公室瘦身的好帮手。椅子是用来坐的，却也可以是用来“做”的！坐在椅子上也可以瘦全身的运动，应该最适合每天“坐”办公室的OL们。看似不经意的错误坐姿，却可能导致脊柱侧弯、颈椎和肩周炎，更会让你的肚腩“层层叠叠”，穿牛仔裤的时候小腹和后腰的脂肪“前凸后凸”。这里要教给大家的“椅子操”，就是针对松松垮垮的脂肪和需要矫正的体态。

当你坐在椅子上的时候，椅子的前沿应该大约在整个屁股的1/2处。也就是说，坐要坐得“虚”，只有一半的臀部面积在椅子上，身体的其他部分比如大腿和腰部都要参与分担身体重量。只坐一半，人身体的重心必须要保持中正，不能懒懒散散靠在椅背上或是驼背姿势，有助于脊柱的伸直。坐在椅子上记得不要翘二郎腿，会引起腿部静脉曲张和水肿。

sports in the office

要消除小腿的酸胀感，则将双腿向前向上平举，和椅面平行。膝盖用力向上顶，脚尖竖直向上勾起，感觉到整个小腿和大腿肌肉的紧绷和拉

伸。这个动作持续30秒以上，感觉酸胀了再放下来，有空就做，对于瘦腿会很有帮助。

很多MM大概都尝试过“瘦腰器”，就是一个像转盘一样的圆形，站上去以后，下肢保持不动，运用上身的力量转动腰部，达到消除脂肪的目的。其实椅子本身就具有“瘦腰”功能，坐在椅子上的时候，双手向右后握住椅背，腿和臀部都保持不动，依靠腰部的力量转动上半身，像拧毛巾一样把身体最大限度地拧起来。这个动作左右两边都可以扭转，每次保持40秒，不仅刺激侧腰和后腰，让难以运动到的脂肪活动起来，还有缓解便秘的功效喔！

要让后背的赘肉变薄，也可以借助椅子来完成。最简单的就是坐在椅子上，双膝并拢，腿向前伸直，身体弯下去用手去摸脚尖。记得不要弓背，膝盖也尽量不要弯曲，而是靠脊背的拉伸使整个身体前倾，努力用肚子贴紧大腿，让整个脊椎得到放松。不求每次坚持时间有多长，只要能够想起来的时候就做个几组，很快就会发现比理疗效果还要明显，身体也比过去灵活多了！

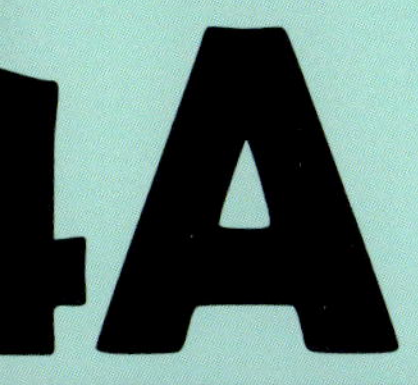

BLOG 10

4A健身馆之居家大作战

sports at home

真正好的瘦身方法，应该参照电影《食神》里，薛家燕对史蒂芬周所用折凳的评价："折凳身为七武器之首，平时能隐身于市井店铺之中，危时顺手一抄就能使用……在体力不支时还可以坐在其上恢复体力！实在是居家旅行杀人灭口不可缺少的。折凳的奥妙就在于它能隐藏于民宅之中，唾手可得……"

藏于民宅，唾手可得，这就是居家运动的最大好处。想想看，如果你能把卧室或客厅变成私人独享的健身馆，那你观察生活的眼光、发现奇趣的几率，肯定要比那些每天只去健身房闷头跑步的人大很多。只要有心，打扫房间就是一次锻炼腰部和手臂的好机会，拖地时握拖把的手尽量伸向远一点的地方，腰部弯转的角度也会随之增大。即使是足不出户的宅男宅女，也可以在自己最熟悉的家里找到完全不一样的乐趣，为瘦身大计加分！

STEP 1：“沙发土豆”必做 游泳圈退散操

整日窝在沙发里看电视、翻杂志、吃零食、打盹的“沙发土豆”族，干脆就更彻底一点，把运动也放在沙发上完成吧！而且这样的运动，既不妨碍你看煽情的肥皂剧，也不会累得你汗流浃背，只需要多一点点耐力和毅力，就可以让肚子上的游泳圈从此退散，何乐而不为呢？

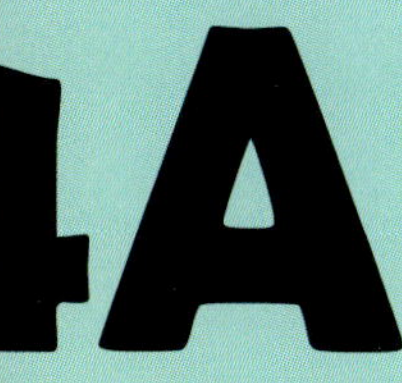

这种专为沙发设定的仰卧起坐，和我们普通意义上的仰卧起坐不一样。它会把腹部肌肉群孤立出来锻炼，使身体中段集中参与用力，避免了我们通常做仰卧起坐时最容易出现的两个错误：一是双手把头向前挤压，使颈椎承受过大的压力；二是起身的时候，髂腰肌参与用力，使腹肌得不到有效的锻炼。而沙发的弧度和坐姿，刚好使我们能在保持身体平衡的前提下，充分锻炼到腰腹。首先把两臂弯曲放在头后面，双手扶握住两个肘关节，但注意不要耸肩。保持头和脖子的位置固定不动，感觉它们像是上半身躯干的延伸，两者完全是一个整体，然后上身离开沙发的靠背，尽量弯腰，使得深层腹肌也收缩参与用力，得到了有效加

sports at home

强。另外，身体很容易晃动蜷曲的人，也可以通过把脚后跟放在椅子上，双腿伸直来给自己加力，固定了髂腰肌就不能帮助躯干上抬了，从而保证了腹肌的锻炼效果。只要每天在看电视的时候做100次有效练习，就可以保证你在4周之内打败肚子上一层一层的游泳圈，连平时穿的裤子都要小1～2个Size呢。

除了沙发仰卧起坐，你还可以坐在沙发上，抬高双腿腾空做沙发脚踏车动作。这个动作需要手臂支撑一下身体后方，以维持身体的平衡。注意利用大腿肌肉带动小腿做圆周运动，尽量把圆画得大，确保大腿跟腱的充分拉伸。空中脚踏车每组150个，尽量坚持一口气做完，尤其在感觉到腿酸的时候不要立刻停下来。需要提醒的是，这里所说的沙发运动不适用于懒人沙发、吊篮沙发、摇椅沙发，选择让你舒服、安全的运动方式，才是最首要的。

STEP 2：床上运动花样多 边看电视边享“瘦”

就算你身上的懒筋已经强大到从“沙发土豆”升级为可以一整天赖在床上，吃喝玩乐都懒得下地的“摇篮宝贝”，也不要自暴自弃地认为运动跟自己无缘了。当然也不要异想天开地以为这样就会变成“纸片人”啦，不过只要坚持下去，并且逐渐养成潜移默化的习惯，一定会对于身体塑形、局部线条的修饰以及矫正错误的体态都起到切实有效的作用。别以为这些都是无聊的旁门左道喔，不仅涉及到众多身体部位，更可以一边看电视一边做起来。要是连这样都偷懒不愿意做，那就真的没药救咯。

step by step

BLOG 10

sports at home

首先要介绍的是趴在床上的运动，也就是俯卧的姿势。可以在肚子下面垫上一个枕头，双手托腮支撑下颌（形成看电视的黄金姿态），屈膝，用大腿内侧的肌肉发力，控制双脚击掌。记得一定要用大腿发力带动脚掌，否则就没有效果了。这个动作可以消除大腿内侧赘肉，有空的时候就做，每次10～15分钟为宜。然后继续保持同样姿势，双腿平放伸直，保持一条腿紧贴床面固定不动，另一条腿用力竖直向后方抬高。不一定要像杂技演员或者瑜伽老师一样抬到那么垂直啦，只要尽力而为、量力而行就可以了。注意发力不要过猛，小心拉伤大腿跟腱，但是抬起和放下都要控制力量，不然变成单纯的甩腿运动就没有任何效果了。这个动作可以锻炼到大腿后侧和下臀部的肌肉，增加腿部力量，双腿交替进行，每条腿各做50次。

然后仰卧来做枕头操，如果你要一边看电视的话可以调整一下头的角度，但是身体一定保持向上平躺。双腿夹住枕头向上举，注意保持平衡和竖直，防止枕头滑落。保持上半身完全不动，腿夹着枕头慢慢降下，记得用腹部的力量控制，而不要依靠惯性。双腿下落到与床面呈30度角时控制住，再上举到90度，如此反复，可以集中运动到肚脐以下的小腹赘肉。这个运动以25～30个为一组，只要动作标准，确

定每一次都有刺激到腹部肌肉和大腿，就是有效积累。在枕头操的基础上，还可以进一步拉伸大腿后侧。仍然保持仰卧姿势，垂直抬起一条腿，双手抱住膝关节后侧将整条大腿拉向身体方向。觉得艰难的时候，吐一口气再扳近一点点。同时脚尖可以用力向前绷直，以拉伸脚踝跟腱。这个动作同样是双腿交替进行，一定要使大腿后侧和小腹都感到非常紧绷，才能达到运动效果。

STEP 3：谁做谁先瘦的三件“黄金家务”

为什么韩国的家庭主妇们都比较瘦？有人说，是吃泡菜所以营养不良！嗯……或许泡菜的低热量也有一定原因啦，不过很重要的一点可是因为韩国主妇们每天用在家务上的时间比较多。看似不起眼的家务琐事，其实是持续运动的好方法呢。从事普通家务劳动，半小时大约消耗80卡路里，运动性家务半小时消耗200卡路里，周末花一个小时清理橱柜的运动量，相当于在跑步机上以4.8公里/小时的速度行走一小时。由于这样的运动见效快、容易持续、难度低，常常被爱美的女性称为“黄金家务”。到

BLOG 10

底什么是运动性家务呢？其实只要在普通家务的基础上，多一点点“附加值”就好。

首先要推荐的第一件黄金家务就是擦窗户或是擦玻璃门。利用这个可以完整锻炼到侧腰、大腿、小腿和手臂。擦窗户的时候尽量不要藉助梯子或踩在椅子上，在手臂可以够到的范围内，尽量向上伸直擦拭，身体也向同样方向侧倾，只要能感觉到自己的腰部被拉长，腹部收紧就可以啦，之后另一只手臂也重复同样的动作。上面的擦完，尽量让背部肌肉和左右侧腰都得到充分拉伸，然后弯下腰来擦拭腰部和腰部以下的玻璃。记得只有弯腰，不要屈膝，尽量把腰部“送出去”感觉整个后背接近水平，和腿保持垂直。左转、右转都是通过腰部的运动来调整方向，下半身保持稳定不动。这个动作可以活动到腰部，同时站直的腿会拉伸小腿和大腿后侧肌肉。最后深蹲擦拭底部，尽量用马步的方式，臀部慢慢蹲低，向后拉伸。保持大腿水平和膝关节稳定，像是坐在一个长长的台阶上一样，把臀部向后推出去以降低身体高度。全套动作下来，如果在15分钟左右，就已经消耗掉至少80卡路里的热量，而且可以有效改善肩关节酸痛，拉伸腹部及大腿前侧肌肉。

另一个运动全身的黄金家务就是擦地板这项苦差事了。擦地板在家务劳动中体力消耗最大，厨房的

地最难擦，也是消耗热量的好时机。告别那些越来越全自动智能化的清洁工具，回到最原始的抹布和跪式擦地吧。用膝盖着地的方法趴在地上，手伸直拿着抹布，边将背弓起边把抹布拖向膝盖。整个过程要记得塌腰、收腹和抬头，让背部呈现猫一样的S型曲线。这个动作既包含了瑜伽的元素，又相当于在做轻量级的俯卧撑，可以紧实胸部、美化背部和上臂肌肉。注意手向前伸的距离不要太大，否则肩关节承受的负担就会过重。擦地板30分钟所消耗的热量就有94卡路里，如果能够每周坚持就更好了！

除此之外，用走路的方式代替交通工具完成采购也是好办法。譬如晚餐后去超市采购，准备好平底鞋、容量够大肩带够宽的背包，可以分装的塑料袋，把采购当做一次运动计划。采买完毕后，不坐车而是走两三站路回家，可以至少消除晚餐的一半热量。因为走路每小时可消耗200卡路里，而背着买了的东西就相当于负重走，效果会更好。

BLOG 11

让你更有面子的 轻松瘦脸术

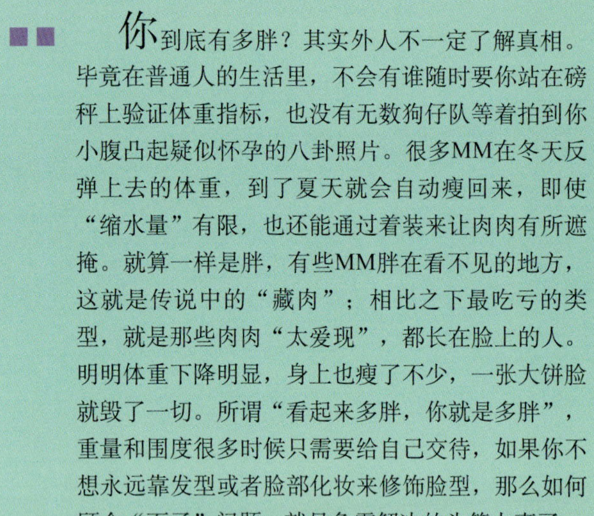

你到底有多胖？其实外人不一定了解真相。毕竟在普通人的生活里，不会有谁随时要你站在磅秤上验证体重指标，也没有无数狗仔队等着拍到你小腹凸起疑似怀孕的八卦照片。很多MM在冬天反弹上去的体重，到了夏天就会自动瘦回来，即使“缩水量”有限，也还能通过着装来让肉肉有所遮掩。就算一样是胖，有些MM胖在看不见的地方，这就是传说中的“藏肉”；相比之下最吃亏的类型，就是那些肉肉“太爱现”，都长在脸上的人。明明体重下降明显，身上也瘦了不少，一张大饼脸就毁了一切。所谓“看起来多胖，你就是多胖”，重量和围度很多时候只需要给自己交待，如果你不想永远靠发型或者脸部化妆来修饰脸型，那么如何顾全“面子”问题，就是急需解决的头等大事了。

脸部容易水肿的MM，除了饮食上应该尽量清淡少盐，多吃可以消肿利湿的果蔬，还应该多摄取富含钾的食物。钾质可以促进体内代谢功能，

排除因为不当饮食或生活习惯所产生的脸部肿胀问题，所以冬瓜、豆苗、菠菜、胡萝卜都是小颜美人的最爱。有些MM认为，既然脸上有肉，那就应该多嚼口香糖来做脸部运动，这样脸就会瘦下来。脸上有肉和脸上有肌肉是两回事喔，想想我们吃鱼的时候，鱼头两侧是不是都有一块最好吃最有韧性的“面颊肉”，那个就是鱼每天呼吸运动到腮部的结果啦。人也是一样的，咀嚼口香糖、甘蔗、槟榔等等都会锻炼到你的咀嚼肌，让脸颊两边多出一块“腱子肉”。所以如果你不希望自己的面部肌肉更加健硕，就不要养成这些不利于瘦脸的习惯。

现在很多的美容院、瘦身中心都打出“面部拨筋瘦脸”的招牌服务，听起来很复杂也难以学习，没有办法在家里操作。其实不用被吓到，面部拨筋讲究的是通过按摩的手法刺激面部经络，从而达到消除水肿，加速代谢的目的，而并非真正的“把肉拨走”。所以我们只要掌握简单的手法，就可以随时随地DIY按摩。也许身边朋友只认为你是在摸脸或是托腮，绝对想不到可以有这样“心机重”的瘦脸方式。这样常常按摩不仅可以改善面部轮廓，还能防止皱纹和表情纹过早在你的脸上扎根喔。

为什么说脸是“面子”问题，因为我们的脸是身体多个器官和多条经络的反射。身体的好坏，都

BLOG 11

会从面部体现出来，经络不通畅，脸上也一定有所表现。即使完全不懂得经络和中医理论的MM，也可以只用最简单的“画圈圈”的方式来按摩。按摩时，一定要用中指和无名指，这两个手指的力量比较适中，不会像小指一样太轻使不上力，也不会像拇指和食指一样太重造成皱纹，所以中指和无名指被称为“美容指”呢！我们就从脸部上方开始，顺着额头靠近发际线的部分开始顺时针按摩，像是勾勒整张脸的轮廓一样，顺着边缘到颧骨的外侧、面颊外侧、再到面部的最低点下巴中央，然后再绕完另外半圈。因为我们的脸部经络中，胃经是沿着面部轮廓绕一圈，所以记得要沿着同一个方向绕大圈圈按摩，这样才可以顺着经络行走的方向，同时加速淋巴排毒。这个动作除了可以用手做，还可以用

slimming your face

加热过的金属勺子来做。勺子在热水中泡过以后，温度会高于面部皮肤，这样会更加有效地刺激到经络，尤其对于胃寒胃虚的MM很有效。在按摩之后，可以喝上一杯姜茶，驱寒暖胃，也让刚才的效果能够更好地被身体吸收。

还有一个更简单的瘦脸法：双手托腮。因为人的手心通常比较热，托腮的同时就是一种对经络的施压和热敷。尤其在托腮的时候，可以有意用中指去按压耳后那个很酸胀的点，那里就是下颌骨根和耳根的交接处，是耳后淋巴结的所在，按压就可以促进循环排毒。难怪很多美女都很爱托腮做无辜状，说不定她们都在悄悄做瘦脸操呢！

Point

BLOG 12

让你更有人气的 地狱瘦腿操

有过瘦身经验的MM都知道，瘦腿很难，瘦大腿根部更难。好好一条牛仔裤，每次都会卡在大腿和屁股交界的地方拎不上去；要做腿部运动，骑单车或是踏板，又会担心大腿肌肉变得更加紧实发达。看着自己的两条小象腿，好像水泥桥墩一样难以撼动，真的太让人泄气了！

当我还是一个身高157厘米、体重56公斤的胖子时，曾经在一位健身教练的课程里学到一种瘦腿操。这个小小的动作套路通常都是在下课之前进行，也就是大家都已经被连续45分钟的高强度运动折磨得气喘吁吁，濒临崩溃的时刻。每一次她从CD包包里拿出那一片光盘，台下的学员们就开始两腿发软。这种时候就会听到美女教练在台上冷静而富有煽动性的鼓励："冬天已经来了，夏天还会远吗？你们真的打算用这么粗的腿来迎接夏天，穿超短裙吗？乖

乖跟我一起挑战最后的5分钟，偷懒的人，脂肪就会塑料化合成！一辈子都瘦不下来！”

这个堪称“地狱瘦腿操”的运动，其实真的只有短短5分钟。然而坚持3个月之后，我的大腿围度从56厘米减到了46厘米，穿牛仔裤的臀围也从28号缩小到25号，可以说确实是成效显著。动作很简单，但是对真正能自觉严格要求、并且坚持不懈的人却并不简单。下面就先讲解一下动作要领。在开始做地狱瘦腿操之前，我们要先选一首合适的音乐来控制节奏。整套动作大约都是每秒钟1拍，每小节共8拍为一个循环。前4拍时逐渐下蹲，第5拍坚持在原地停住不动，后面6、7、8拍逐渐上提还原。就是这样简单的节奏，通常我会选Mariah Carey的那首《Can't take that away》，如果MM们能够找到节奏相近的乐曲也一样。

地狱瘦腿操的动作部分完全集中在核心区域，也就是大腿上部、臀部和后腰这三块地方。只有两条原则：第一是下蹲的时候臀部尽量向后推，并且从头至尾保持臀部不动，感觉是整个后腰和臀部曲线都被拉伸到某个固定程度，完全靠大腿的肌肉来发力，支撑身体下蹲和站起；第二是整套动作要缓慢、匀速、力量均衡，尤其是后面四拍腿最酸要站起来的时候，一定尽量控制得越慢越好，越发抖越好！

BLOG 12

step by step

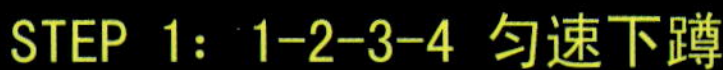

首先原地站立不动，双脚打开比肩略宽一点，保持脚尖和膝盖都尽量朝向正前方。开始时紧腰收腹，顺着节拍逐渐以马步的姿势下蹲。整个下蹲的动作分4个节拍完成，从最开始时的完全直立，到第4拍时半蹲的姿势，每一拍都略向下降低一些。

STEP 2：5　控制住不动

第4拍蹲到最低位置以后，第5拍千万别急着站起来。停在这个最低点坚持1拍，然后到第6拍再开始起身，这是锻炼核心肌群、燃烧深层脂肪最关键的1秒。

STEP 3：6-7-8 缓慢上提

熬过最艰难的第5拍，终于可以从海拔最低的“蹲马步”逐渐上提了。记得起身的时候一定不要翘臀部，这样大腿的力量就会被卸掉，起不到锻炼效果。要先提高膝盖，再大腿，最后再抬臀，记得每一拍都尽量慢~慢~慢~，越慢越能感觉到腿部的颤抖和肌肉的拉伸，甚至到第8拍的时候没有完全站直也没关系。8拍结束就是下一个下蹲、控住、上提的循环，如此一直反复到乐曲结束。

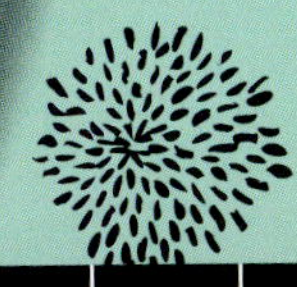

BLOG 12

step by step

只要你的动作够标准，一般在Mariah Carey唱到第一遍副歌的时候就已经开始感觉到大腿酸痛了。越往后酸胀发抖和出汗的情况就会越剧烈，但是一定记得不要放弃，坚持下来。想要挑战更高难度的人，做的时候可以用保鲜膜包裹住大腿、小腿和腹部，这样会升高血压，使心脏为了泵出更多的血液而加速跳动，身体出汗也会更剧烈。对于皮肤比较敏感，裹上保鲜膜容易引发皮炎或是毛囊炎等病症的人，就建议不要采用了，可以换成擦瘦腿霜或是燃脂霜。

很多人会担心针对大腿做的运动反而容易使大腿变粗，譬如跳绳、骑单车、跑步等，但是地狱瘦腿操绝对不会。它的力量对抗都是人体自身肌肉的抗衡，既没有负重又没有进行有

exercise

slimming your leg

氧运动，理论上和瑜伽、普拉提有所接近，都是强调意念对身体的控制力。尽管如此，在痛苦的5分钟结束之后，也要记得别一下子瘫软在床上。多花两三分钟进行腿部的拉伸和按摩放松，不仅会让你刚刚经历“大伸缩”的腿部肌肉得到放松，也会缓解乳酸分泌导致的肌肉酸痛。坚持每天做，一定会让你的美腿越来越修长，人气也更加旺喔！

买得贵不如买得巧

哈利•波特没有买最新款的魔杖
圣斗士也不一定非要穿黄金圣衣
真正能成功瘦身的人都不是靠昂贵工具
最先进的瘦身器材 也不等于就能改变肥胖的命运
十八般兵器里 找出最适合你的那一款
用对了 比用贵了 重要得多

BLOG 13

瘦身帮帮忙

便宜好物大搜集

比起去瘦身中心和减肥SPA，有很多MM更愿意自己在家里DIY按摩。不是说瘦身中心不好，而是现在很多的瘦身中心既不专业，也不敬业。如果你花了高昂的费用，找了个三脚猫技师，或是她根本一整天已经给30位客人做过按摩，手软得用不上力，那还不如在家里自我拯救来得有效。这里要介绍给各位姐妹们的几种小工具，都是超实用超有效超简单操作的便宜好物，你只需要买来放在家里使用，然后把去瘦身中心的钱留着买新衣服吧！

好物推荐1：蝎尾刷

购买难度：★★

操作难度：★★★

瘦身有效度：★★★

Weight tools

蝎尾刷最初是从台湾综艺节目《女人我最大》开始风行起来，首先在网络上传播，艺人薇薇安和尹平都示范了自己平时使用蝎尾刷的效果，尤其是用刷子按摩腰侧，可以解决便秘，进而消除便秘造成的肿胀。很多看过节目的观众也都开始纷纷议论这个传说中的减肥“神器”。没过多久，大陆许多的美体中心都打出“蝎尾刷经络排毒塑形SPA”的招牌，每个疗程从3000元到7000元不等。其最大卖点不仅是用精油刷通全身经络，更强调一定要用这种神奇的按摩工具——蝎尾刷。这样一来，想要尝试的人心里又犹豫又好奇，这么贵，到底有多神啊？难道真的像传说中的一样，是采用沙漠蝎子磨成的粉，与如何如何具有传导性的进

massage your

口高弹无毒橡胶制成的刷子？姑且不论蝎子磨成粉混在橡胶里面擦身体，是不是真能起到瘦身作用，光是要抓那么多沙漠里的蝎子就不太现实吧？幸好，没过多久就有神勇无敌的“山寨蝎尾刷”在网上贩卖，也有从台湾代购来的，每支价格不过几十元到百元，而且工艺还在不断革新。

真正的蝎尾刷是一个比手掌略大一圈的椭圆形，配合人体工程学的设计原理，刷面有很多小圆柱形的凸点，以内、中、外三层的椭圆形环状排列。外层一般为60枚、中层48枚、内层32枚；刷子背面可以用手掌插进去，这样就能灵活控制。操作原理有点像我们洗澡时候的去角质浴棉，当我们把它套在手上，结合精油摩擦身体的时候，刷面上的凸点就会对被按摩的部位形成间隔式挤压，给皮下脂肪带来比较深入的压力；蝎尾状的刷头在精油的协同作用下，就能够有效改善橘皮组织和身体的浮肿症状，加速血液循环，提高基础代谢率，达到瘦身塑形的目的。

在挑选蝎尾刷的时候，大家比较需要注意的是材质的软硬。好的蝎尾刷是用弹性塑料材质制成，手拿的时候不会太过吃力，刷头也不会划破

Too

Weight tools

皮肤。按摩的重点没有什么难度，一句话："不要太小力。"就是全身都能刷，针对关键部位用力刷，当然这些都是要配合精油或按摩膏，否则皮肤会坏掉。用于按摩的精油可以按个人喜好和购买能力自由选择，通常可以选择富含天竺葵、玫瑰、乳香、佛手柑、迷迭香和肉桂的精油，对保湿和修身都有着极好效果，能促进血液循环和新陈代谢。如果经济实用一点，选用普通的老姜精油驱寒效果也很好。

在家里自己使用蝎尾刷的时候，比较没有办法疏通到背部。但还是可以针对肩部进行按摩。首先取一点精油在肩颈部推开，然后用蝎尾刷沿着脖子后侧的肩胛骨向肩头刷。刷的过程中局部会有咯噔咯噔的响声和些许刺痛感，这是乳酸堆积在身体里形成的硬结块。在这个过程中，肩颈的酸痛也会有所改善。

接着整个大腿内外侧、后腰和侧腰都是重点区域，应该非常用力。有些MM可能会出现大面积的淤青或是痧点，不用担心，这是正常的。大腿和后腰的脂肪比较多，记得一定要刷到皮肤发红发烫才算有效喔。

胸部周边尤其是腋下和两侧的肉肉也很值得

用力刷一刷，以每个部位不少于30次为宜。记得手势要从两边往中间、从下面往上面刷，最重要的是腋下淋巴在这个过程中得到了很好的疏通，加速了全身淋巴的排毒和循环。刷完后即穿戴上bra或塑身衣以塑形，巩固疗效。

最后就是肉肉最多的腹部了。首先用蝎尾刷围绕着肚脐画圈，发红发热以后再将肉肉用力往下刷，之后正面侧腰也要一起进行巩固加强。

全部刷完以后皮肤可能会感觉刺痛发痒，记得多喝水可以缓解。刷的时候要避免伤口和静脉曲张部位，整个过程会有一点痛，但痛就说明有效，大家一定要坚持住。而且自己刷，毕竟力度比较好掌控。如果能够每天坚持，不出一个月，身体的水肿和便秘就会减轻，皮肤也会变得更加光滑细腻。

好物推荐2：刮痧板

购买难度：★

操作难度：★★

瘦身有效度：★★★★

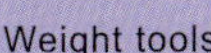

刮痧其实自古就是人们自我保健的手法，当然古时候也没有什么美容院瘦身中心之类的，人们用木片、贝壳、古钱币来刮痧保健。现在有各种各样专业的刮痧板了，很多MM在选择的时候就有点发昏。其实对于刮痧板的材质没有什么特殊要求，网络上和专卖店里都有卖价格昂贵的砭石刮痧板，也有性价比高的水牛角刮痧板和普通的玉石刮痧板，实在没有条件时选择光滑的木质梳子、搪瓷杯盖也能代替。如果是买来自己用，一般选水牛角材质的比较多，一方面是因为价格便宜，而且水牛角本身就是一种中药，具有发散行气、活血和润养作用。

通常我们看到的长方形刮痧板是用来做背部

刮痧，弯月形的是用来做面部或四肢刮痧，只要材质厚实坚韧、边缘比较圆滑的都可以。把厚的一面对手掌，用比较薄的那一面来施力。记得身体要从上向下刮，胸部从内向外刮。腿部比较特殊，一般是从上往下刮，但如果静脉曲张或水肿的情况比较严重，记得要从下往上刮，帮助血液回流。但是一定不能像洗澡一样来回搓，每次只能往一个方向。刮痧板和皮肤要保持45～90度的锐角，每个部位持续3~5分钟就可以了。不是一定要刮出痧才好喔，情况因人而异，不过每次要等痧褪以后才能再刮。

如果你奢侈到拿精油来做刮痧，当然效果最好。不过如果觉得有点浪费，可以买专用的刮痧药油或推拿油，具有活血化瘀的效果，又很便宜。记得在刮痧前一定要先涂抹身体，实在不行用橄榄油也可以喔。如果是自己DIY，建议就把重点放在四肢的部分，身体背后比较难掌控，而手臂（主要是上臂）和腿部又是露在外面最容易被看到的地方，一定要最先处理。

Too

刮手臂的时候，可以刮整个手臂下方从腋窝到手腕这条线。这是心包经的所在，常刮有利于心脏功能的提升，也可以减轻蝴蝶袖的症状。肩头到肘关节正面这条线有利于缓解便

massage your body

秘，记得每次刮的时候要从肩头一直刮到小臂，尤其是在关节处要用力刮，把堵塞的经络疏通。这样每条手臂30次，之后喝一杯温开水，6小时内不要洗澡，痧点大约2～3天就会褪去了。这些痧点就是你身体的信号灯，每褪掉一次，就离健康更近了一些。

手臂和腿部的刮痧都比较适合在秋冬季节进行，不然刮出来的痧点很容易让人怀疑发生过“家暴事件”。洗过澡之后坐在床上，涂好精油再刮就不冷了。把腿自然弓起，肌肉尽量放松，然后从膝盖的侧面和后面两个方向分别往脚踝刮。如果有静脉曲张或水肿，就反方向从脚踝往膝盖后弯刮。力度和速度因人而异，当然只要是在自己能承受的范围内尽量用到最大力量就好。有些人在刮的时候就会出现大片发红的区域，这个只是由于表皮受到摩擦引起的，不必担心，过一会就会褪去。刮完痧，人会比较疲累，所以最好早点休息，一定要等这次的痧点全都消退之后才能进行下一次刮痧，而且尽量避开生理期。

腿部刮痧主要是针对下半身水肿和淋巴循环不畅的状况，所以前后都可以做一些辅助运动，效果会更好。譬如刮痧前用热水泡脚，可

BLOG 13

以买那种高度接近膝盖的木质泡脚盆，能够将小腿上的三阴交穴位浸没在热水里，热水的刺激会舒缓小腿的经络，对全身的气血循环也有很大好处。刮痧后，可以结合腿部的自身状况做一些瑜伽动作，拉伸肌肉。例如躺在床上做空中脚踏车运动，或者是将双腿竖直靠着墙高举10分钟，对于消肿的效果会更明显。

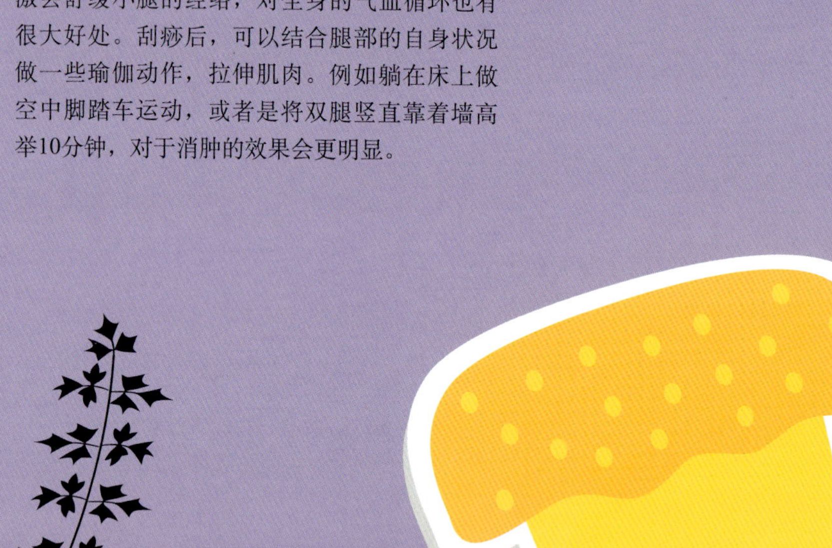

massage your body

好物推荐3：减肥绷带

购买难度：★★★

操作难度：★★

瘦身有效度：★★

减肥绷带最初是从某几家“天价”纤体中心流传出来的。据享受过几万元瘦身疗程的人说，从“捶打揉捏”到“坐电椅”，都比不上最后的“裹尸布”来得刺激。这个所谓的裹尸布，其实就是现在网络上热销的减肥绷带了。传说中的减肥绷带是封在真空包装中、浸满各种植物成分和减肥精油的医用绷带，目前在网上售价大约为一卷20元左右。效果虽说是因人而异，但几乎所有人裹上以后都一定会坐立不安，到处乱走乱动，从某种程度上也是促进了少吃多动的理念：吃的时候就想起自己被热绷带灼烧得无法忍耐，想懒的时候直接裹上绷带就会整个人变成着了火的猴子，绝对坐不下来。减肥绷带主要是通过精油达到收紧松弛

fitness bandage

肌肤和消除水肿的目的，而在这样剧烈的刺激下，人体新陈代谢急速加剧，消耗的热量也会更多。

减肥绷带分冷热两款，不过最声名远播的还是热绷带的“魔鬼地狱燃烧效应”。只需裹上20分钟就能让人抓狂，挑战完60分钟极限的人都可以骄傲地到处宣传自己的战果。能够忍受热绷带的人对于冷绷带应该无所畏惧了，不过还是建议大家根据自己的肥胖类型来选择使用方式。肌肉型的人第一个疗程全部用15个热绷带,从第二个疗程开始用8热2冷收紧；肥肉型的人第一个疗程前8次用热绷带,之后用2个冷绷带,第2个疗程重复8热2冷。这样冷热并用的结果到底如何，至少有毅力能够坚持两个疗程的人，一定已经瘦身成功了。

fitness bandage

在使用绷带之前，应该先洗澡或是用温热的毛巾擦拭需要绑绷带的部位，但是非常不建议大家像网上说的那样去角质或是再做别的按摩。由于绷带是浸满精油的，不需要裹那么多层，否则初次使用会更加难熬。只要缠两层就足够了，然后包上保鲜膜，把绷带中的精华锁住，最后再用透明胶带固定好，否则精华泄露到衣服上很尴尬。裹都裹上了，就不要浪费，享受一次彻底的

"人肉铁板烧"吧！

接下来就是难忍的60分钟，很多MM坚持不了，也有人会遇到皮肤过敏等症状。我的建议是量力而行，不要太勉强。有人问，缠好绷带要配合运动吗？如果你已经试过绷带的辣度，也试过汗水滑过灼热皮肤的感觉，仍然觉得可以挑战更高难度，当然附加运动的效果是非常好的。如果你知难而退，就静静享受这60分钟的灼烧考验即可。有些MM经过20分钟就觉得实在疼痛难忍，可以将减肥绷带拆下来卷好放回冰箱里，下次再使用。拆掉绷带以后记得4小时内都不要洗澡，也不要用温热毛巾擦拭，用无酒精的湿巾把皮肤上剩余的精华轻柔地擦拭干净。相对于热绷带的炙热难忍，冷绷带的消脂和收紧要容易忍受得多。冷绷带主要是强化肌肤弹性，收紧线条，对于橘皮组织也有一定改善作用。

BLOG 13

好物推荐4：保鲜膜

购买难度：★

操作难度：★

瘦身有效度：★★★★★

对，别惊奇。说到这里最最推荐的瘦身好物，还是最简单的一卷保鲜膜。无论是做运动还是涂抹瘦身霜，它都是最佳搭配。虽然有很多人说保鲜膜减肥只是减去身体水分，对于脂肪毫无效用，但无法否认，裹上保鲜膜以后，身体局部各部位热量急剧增加，心脏的负荷也加重很多，血液循环和新陈代谢都加快，起到燃烧更多热量的作用。至于减下来的重量到底是水是油，相信无数人成功瘦身的实例能够说服一切。

只要你不是特别敏感的肤质，只要你不是全天候、全身性把自己像木乃伊一样用保鲜膜封住，保鲜膜的安全性对于大部分人来说都是在可控范围内的。试想，如果你裹了减肥绷带结果辣到完全无法承受，就算立即拆除之后，刺痛感还会持续2～4小时；如果你吃了减肥药结果发现副作用很大，除了去洗胃也没

有别的挽救办法。可是保鲜膜只要你感觉到不舒服，就可以立刻拆下来，即使在书包里携带一卷也不会占用太大空间，真的是随时可以使用的瘦身好伴侣。而不仅在运动时会用到保鲜膜，每次涂抹瘦身霜之后为了促进吸收，也可以用保鲜膜让它的功效加倍。只要记得运动完毕和瘦身霜吸收后就立即拆除，相信每个人都可以体验到保鲜膜对局部瘦身的强大作用。

如果觉得运动时使用保鲜膜太辛苦，心跳会快到喘不过气来，也可以用冷冻加保鲜膜的瘦身方法来做“静态运动”。很多专业瘦身中心都有开设这样的项目，利用低温冷冻使体温急剧下降，同时身体需要加速燃烧脂肪来提供热量。在专业人员的协助操作下，应该更不用担心保鲜膜会对皮肤造成什么负面影响了。

不过，由于现在市场上的保鲜膜良莠不齐，价格差距很大，瘦身男女们在选购时也应该有所筛选。一是选择质量比较好，弹性和拉力比较大的；二是根据自己的需要选择不同的尺寸。如果是裹在腰腹上，建议选择宽度比较大的，例如厨师用保鲜膜分量很足，裹在腰上也比较不容易卷边。在裹的时候，记得先吸气，以最小腰围的情况下包上保鲜膜，全部缠紧之后再松开气，这样才会够贴身。手臂和小腿可以选择宽度最小的，对局部的针对性也比较强。大腿则是选标准规格的保鲜膜就好，每次缠三圈为宜，防止太薄破裂，太厚不便行动。

BLOG 14

居家运动常备“四大天王”

4 Spor

你可以没有最新款的NIKE鞋，但是一定要有一双柔软耐穿的“回力”；你可以不买昂贵的塑身衣，但至少要买几卷保鲜膜在运动的时候裹住肚子上的游泳圈；你可以不去美体SPA或是瘦身中心接受理疗，但可以借助各种按摩工具DIY塑形……总而言之，漫长的瘦身道路上，你不一定要选择最“殿堂级”的方式，却一定需要各种瘦身工具，来作为克难前行的有力助手。我们坚持不买贵的，只选对的，这些方便有效、物美价廉的瘦身工具，绝对是居家常备的实用好物呢！

skipping

NO.1　性价比最高：跳绳

场地需求：约6立方米空间

投资金额：15～100元不等

优点：便宜，需要场地小，瘦身效果好。

缺点：运动强度较大，运动后需充分拉伸肌肉以防止腿变粗。

sports at home

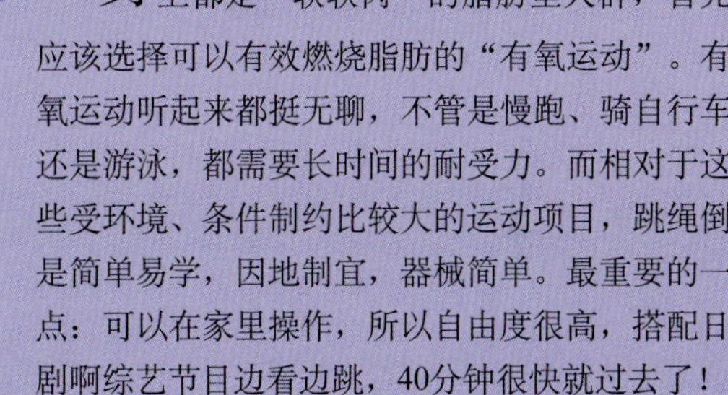

身上都是“软软肉”的脂肪型人群，首先应该选择可以有效燃烧脂肪的“有氧运动”。有氧运动听起来都挺无聊，不管是慢跑、骑自行车还是游泳，都需要长时间的耐受力。而相对于这些受环境、条件制约比较大的运动项目，跳绳倒是简单易学，因地制宜，器械简单。最重要的一点：可以在家里操作，所以自由度很高，搭配日剧啊综艺节目边看边跳，40分钟很快就过去了！

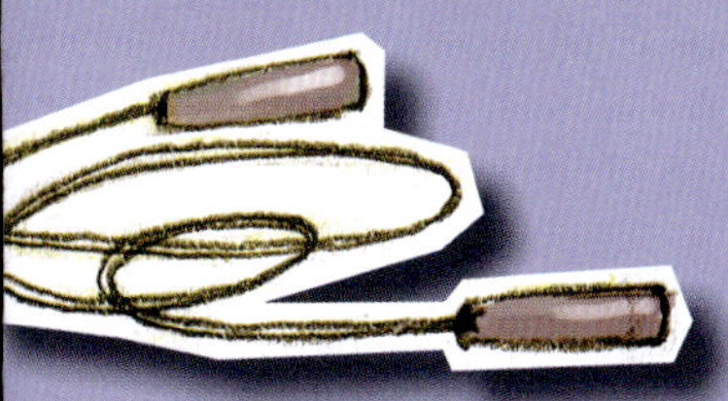

不要小看跳绳这“原地运动”，短短20分钟就可燃烧200卡路里，相当于消耗掉一碗白饭的热量。跳绳可以让血液获得更多的氧气，而且消

4 Spor

除臀部和大腿上的多余脂肪，顺便锻炼手臂三头肌和肩膀，是很好的全身运动呢。难怪职业拳击手通常选择跳绳作为赛前有氧减脂的主要内容，同时也能锻炼全身的协调性和灵敏度。

有些MM说，哇，我是运动白痴啦！从小学体育课就最害怕跳绳，好像永远抓不对节奏，每次都会被绳子抽到好痛喔！即使是比较缺乏运动细胞的人，只要掌握要领，也可以很快学会的。常常被绳子绊到或是打到的人，是因为跳得节奏不均匀，不妨先忘记要跨过绳子这个步骤吧！将绳子对折，两端都握在同一手中，然后持续单手如跳绳一样甩动绳子，感觉一下绳子的速度与律动，慢慢的你就可以抓到跳的时间点咯！

买一根跳绳，一般在家里练习可以选择分量稍重的，如果带有计数功能或计量卡路里功能的就更好啦！即使做不到每天跳的人，也至少要坚持每周跳最基本的双脚跳绳3次，每次不少于30分钟，这样才能有效锻炼到大腿前侧和小腿的肌肉；如果再来点花样，譬如提膝单脚跳或后抬腿单脚跳，还可以加强锻炼大腿、臀部和腰腹部。

play Wii S

NO. 2　想象力最大：Wii

场地需求：最好从你到计算机或电视前的距离有3～5米的活动空间

投资金额：1200～2000元

优点：足不出户，体验无数种乐趣

缺点：实际瘦身效果因人而异

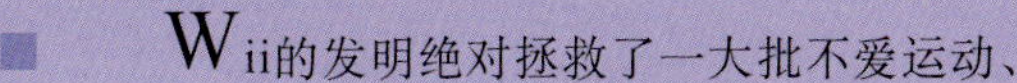

Wii的发明绝对拯救了一大批不爱运动、每天宅在计算机前的男女，所以价格昂贵一点也完全物超所值。因为即使你的运动细胞再残缺，有生之年从未在运动领域找到成就感，也可以在“Wii Sports”游戏里面以为自己可以当奥运冠军！

握着那个和电视遥控器差不多的白色手柄，游戏就要开始了。网球、棒球、保龄球、高尔夫球和拳击，每一款的挑战都不一样，物理原理和效果却都很接近。当你选择了五种运动中的一个，就要像真的在进行这项运动一样，做出相应的身体动作。打网球的时候要尤其注意，不要因为激烈的网前扣杀而击碎你家的电视机屏！棒球和高尔夫最讲求技巧，刚玩Wii的新人却常常太过用力在握柄和挥棒。其实得分的关键在于姿势、手感、角度，这又不是力气活，不用使那么大劲儿。

“Wii Sports”里面的拳击算是五款中最消耗体力的了。面对虚拟的对手，要不断出拳出拳出拳击挡击挡躲闪再出拳，几个回合下来，保证你大汗淋漓，跟真的和人打了一场架没差别。这不仅是瘦身的好方法，对于工作压力极大的白领们也值得一试。把屏幕里那个人试想作老板或是欺负你的客户，然后拼命地挥动愤怒的拳头吧！就当是在健身馆上了一节有氧搏击课，“一个人的战役”仍旧其乐无穷。

4 Sp

NO.3　韵律感最佳：跳舞毯

场地需求：计算机前1平方米的空间就足够啦！

投资金额：100～200元

优点：需要场地小，简单有趣

缺点：音乐可能会扰民

dance blanket

跳舞毯在前几年比较风行，现在玩的人没有那么多了。但因为其节奏感和韵律感都很强，趣味性大大胜过跑步和健身操这些运动，所以一直有比较固定的铁杆粉丝支持，尤其是爱跳舞的人可以在其中找到成就感。每次看到电玩室里面跳舞机上动作很帅一分不丢的高手都让人心旷神怡，舞蹈细胞缺乏的菜鸟们就比较适合买一块跳舞毯在家里偷练了。一两百元的投资，网络上可以下载很多音乐来练习，也算是非常经济实用的瘦身工具，不过家里有低音炮和大音箱的同学注意了，不要让你的舞曲打扰到家人和邻居，跳的时候也尽量穿袜子就好，毕竟不是练踢踏舞，很响的鞋子会让楼下的住户上来敲你的门。

跳舞毯中级左右的运动量就能和骑自行车相当，所以绝对算是高强度运动，只要家里有计算机或是电视就可以玩。倒是因为玩家很容易太投入而变成“舞痴”，疯狂运动后一定要记得拉伸腿部肌肉，也让关节得到充分休息，这样才不会练成粗壮壮的小腿喔。

BLOG 14

Yoga mats

NO.4　安全感最强：瑜伽垫

场地需求：地板上约4平方米的空间

投资金额：40～150元

优点：使运动更私人化，更多保护你的身体

缺点：需要经常清洗

瑜伽垫感觉上很专业，好像是只有在健身馆里面才会看到的东西。而且很多人觉得没必要花钱买一块普普通通的垫子啊，每间健身馆都会提供，在家里不太硬的地板或是床上也随时可以做瑜伽。可是做瑜伽时，身体与垫子接触极多，赤手赤脚不说，还要趴着躺着脸贴着头枕着，想到你用的这块垫子上曾经躺过几千几百人，留下多少人的汗水、身体的污垢，

还能用得安心吗？而在家里的时候，无论是沙发或地板，硬度都不符合做瑜伽的要求，在太过柔软的床垫上练习，还有可能引发扭伤或拉伤，实在是非常不划算。

拥有一块私人的瑜伽垫不用花多少钱，对于普通的使用者来说，PVC材质的就可以了。选购的时候记得先闻一下卷起的垫子顶端，如果有刺鼻的味道可能是化学剂量超标，会对身体有害。然后打开垫子，用手掌轻推表面，看看是否容易破裂，同时应该感觉到垫子表面比较干涩有阻力，这样就算你大汗淋漓的时候也可以防水防滑，避免导致意外。国内生产的瑜伽垫尺寸基本是173×61厘米，如果你个子比较高或者很没安全感，喜欢有更充裕的保护，可以买加长型尺寸的瑜伽垫，或是干脆买两块拼起来用。

买回来的瑜伽垫记得要常常清洁以保持卫生，不然整块垫子就会变成藏污纳垢滋养细菌的场所。洗碗用的洗洁精稀释后就可以蘸着擦，记得不要弄太湿，擦拭干净后要用干毛巾吸干多余的水分，或是放在阴凉通风的地方晾干。尽量不要用洗衣粉啊威猛先生这些太强劲的清洁产品来擦瑜伽垫，那样会腐蚀它的表面，缩短使用寿命喔！

BLOG 15

信手拈来好工具

sports at home

Too

“工欲善其事，必先利其器”。对于每个需要瘦身的GG或MM来说，找到合适的瘦身工具确实是一件相当重要的事。然而我们一定都有过买了各种五花八门的工具却使用率很低，或是效果不佳的懊恼吧。在下一次采购之前，不如先利用身边这些信手拈来、保证有效的好工具，让所有“零成本”的投入都带来“正增长”的效果。

首先登场的是空饮料瓶。关于饮料瓶的运动网路上已经有很多，却比较少根据具体材质进行划分。我们常见的空饮料瓶有矿泉水瓶、茶饮料瓶和碳酸饮料瓶三种。矿泉水瓶材质较

软，可以用于面部按摩；茶饮料瓶硬度适当，比较万用；碳酸饮料瓶质地较硬可用于身体运动。注满水的饮料瓶可以代替哑铃使用，例如简单的瘦大臂运动：用手握住矿泉水瓶中部，把胳膊伸至头顶，肘部弯曲，利用矿泉水瓶的垂力从头顶向下拉伸胳膊，可以感觉到上臂略酸，缓慢而匀速地拉30下，换另外一支手臂重复同样的动作。如果是使用质地柔软的饮料瓶，还可以利用大腿内侧的肌肉力量夹住瓶身，上身微微下蹲压低重心，然后双手叉腰，夹紧塑料瓶慢步，意识集中在大腿内侧，笔直走10步。用同样的姿势向后慢慢走10步。边保持平衡边小心行走。练习完之后再坐在椅子上，用膝盖上方夹住瓶身，脚跟踮起保持小腿肌肉紧绷。这个静止的动作可以边看电视边练习，渐渐让大腿内侧的肌肉变得紧实，消除膝盖上方的脂肪。除此以外，饮料瓶还能作为按摩的工具。用质地较硬的碳酸饮料瓶底部按摩膝盖或是拍打双腿，尤其是大腿内侧的赘肉，可以促进淋巴循环。夏天在瓶中装上冰水，还可以代替冰袋，冰敷需要消肿的部位。

第二件值得推荐的工具是毛巾。大家在做瘦身操时，可以从普通的洗脸巾、运动毛巾和较宽的浴巾三种里根据运动强度来选择。毛巾瘦

身操的主要原理是利用毛巾的拉力和牵引力，有点像通过物理治疗的悬吊系统达到拉扯、阻力和扩胸的效果。做毛巾操要选用长毛巾，双手拉住毛巾留一个拳头宽，记住要拉直，用力的时候吐气，放松的时候吸气，然后双手握住毛巾的两端，手臂上举过头顶，注意胳膊要竖直，身体也尽量向两端拉伸，延长腰部线条。保持五秒钟后，双臂向身体一侧弯曲，尽量不要含胸，而是继续保持竖直水平弯向一侧，拉伸侧腰肌，坚持30秒后弯向另一侧。如果肩背比较酸痛的人，还可以利用浴巾做类似于洗澡时搓背的动作。这组动作有利于减轻肩膀酸痛，矫正身形。做的过程中一定要放慢速度，保持舒适的状态。首先保持站直的姿势，抬头挺胸，双手握住浴巾的两端，竖直都放在背后。两只手抓着毛巾慢慢的上下移动，右手在上做20次，再换左手在上做20次，如此反复做3组。

除了最后一个篇章中的健身操会用到铅笔之外，铅笔在很多瘦身运动中也有重要的作用。通过夹紧铅笔来固定关节，确保动作的标准；通过铅笔来锻炼手指的灵活，还可以通过铅笔来瘦腰提臀！具体的做法是在地上摆放三四支铅笔，排列成半圆形。人单腿站立在半圆里，保持抬头挺胸收腹的体态，慢慢弯下上身来捡地上的铅笔。注意要保持站立的腿不能弯曲，

完全靠腰腹的控制力和平衡感来抬起上身。另一条悬空的腿也不能弯曲，尽量保持膝盖笔直，向后向上伸展。刚开始练习的时候可能会难以保持平衡，尽量用另一只手臂来控制，捡铅笔的动作要慢，一次一根即可，熟练之后再增加数量和速度。

还有一个居家常备的好物，就是梳子。不是用来吹长卷发的那种圆筒梳喔，最好是水牛角或是木质带有一定按摩效果的扁梳。大家都知道常梳头具有保健功效，却还不知道梳头也有助于瘦身。我们的头部有很多的穴位和经络的交会，通过按摩起到疏通经络，增强分泌活动，刺激脑垂体调节身体新陈代谢和内分泌的作用，更可以治疗失眠和偏头痛。譬如耳朵后方按下去会酸胀的凹陷，正是发际线的终点。梳头到这个部分的时候很多人就会放松力度，因此忽略到疏通面部及颈部淋巴结的机会。当我们以按摩为目的的时候，一定要注意保持力度的均衡不要减轻，从头顶正中的百会穴一直梳到耳后和发根，每天早晚都坚持用力梳100次，保证你白天精力充沛，晚上熟睡香甜。

Tool

BLOG 16

贴身魔法衣，你穿对了吗

女生和男生不一样，就连贴身穿的衣服也满含心机。要聚拢，要上托，要包容，要挤压……还嫌被“强制管理”的身体面积不够大？就要靠魔法束身衣来帮忙了。不过，市面上的束身衣款式和价格差异那么大，你确定自己真的穿对了吗？

魔法束身衣又叫做美体内衣或是功能性内衣，和欧洲中世纪的“捆绑式”束身不同，现代的美体内衣都是根据脂肪移动原理将身体内的脂肪进行“移位”，全方位地引导、约束由于不正当生活方式而凸出的背、肩、腋下等部位的脂肪，推移它们回归到正确的位置。穿上它，一是可以立竿见影地勾勒出完美曲线，让你“看上去很美”，坚持长期穿着还可以扶正脊椎、矫正体态。但是如果你选的不合适，或者穿着方法不

all kinds of garment

对，也许会有反作用也说不定。

我们在购买魔法束身衣之前，要先明确购买意图。通常你只能有一个主要意图，譬如全面塑身，或者保暖，或者收腰等等，所以只要选择能够满足我们主要意图的商品就好，千万不要被商家天花乱坠的吹嘘所迷惑。任何加入矿物质，能在改变体形的同时改变体质、安定情绪、促进代谢循环等等的功效都是屁话，如果矿物质真的这么容易被吸收，我们每天都在身上挂几块矿石好了。所谓能够滋润、美化肌肤的塑身衣也是假的，这就好比你买一台收音机结果它又能打电话又能看电视又能录音，功能强大到如同变形金刚，显然不太现实。束身衣的功效就是修饰身体线条，雕塑完美体态，其他的都不列入考量范围。

如今市面上常见的魔法束身衣多半分为两种：连体式和分体式。连体式多半在裆部设计开扣或是挖出圆弧形开裆，以便于去洗手间的时候不必整件脱下来。从力学原理的角度来说，连体设计会更有利于整件束身衣的张力和拉力，但是裆部的搭扣设计相对就不如圆弧开裆来得安全和卫生。如果是搭扣设计的束身衣，要记得常常更换清洗，也要注意搭扣是否因为经常拉扯而变松了，这样会影响整件衣服的塑形效果。如果是开裆设计的束身衣，记得要把小裤裤穿在束身衣的外面，束身衣贴身穿着。

BLOG 16

分体式束身衣因为功能划分更强，脱卸更方便，也受到很多人的喜爱。分体式一般分为上衣、腰夹、束裤三种，如果你买了上衣，建议腰夹也作为搭配购买。因为普通长度的束身上衣在下围的部分可能会比较容易卷边，用腰夹进行二次固定会加固效果。有些腰夹和上衣内部装有“龙骨”，就是金属材质做成的支撑，后来革新改进的款式去除了龙骨，让穿着感觉更加舒适。个人建议如果是为了瘦身效果考虑，还是选择有龙骨的款式。那样的支撑会让你被迫保持一个挺拔的体态，如果想要驼背或是上身凹起来，受到压迫的龙骨支撑就会让你的腰腹部感到不舒服，算是一个警示。如果去除了这个部分，就和普通的紧身衣没有太大区别，毕竟要瘦身还是不能“无感”的。

garn

除了款式的挑选，材质也是购买束身衣时很重要的判断标准。透气和舒适是第一原则，这种时候就不要再考虑什么蕾丝啊水钻的了，束身衣是自己的事业，想必也没有哪位男友会对这种铠甲般的功能性内衣苛求性感指数。确定你自己的肌肤能够接受，不会妨碍呼吸和出汗就好。很多MM都知道平时穿bra需要经常“拨胸”，就是每次去洗手间的时候记得重新调整一下自己bra的佩戴方式，把腋下和肩胛的肉肉

拨回罩杯里面来。穿魔法束身衣也需要这样的过程，不管你是否在束身衣里面还有穿bra，或是束身衣本身就有自带bra，都应该经常调整你的身体，确定肉肉们都被归拢在正确的位置。否则如果因为运动或不正当的体态而导致肉肉们“移位”，久而久之可是会形成副乳喔。

ds of garment

nt

在购买魔法束身衣之前，你还需要清晰地确知自己身体各部位的尺寸围度。买的时候宁可紧一号，也不要买略有宽松的尺码。因为束身衣会越穿越松，在连续穿着半年以后差不多就需要重新调整尺寸，尤其是腰夹，最好可以购买能够提供改小服务的款式，否则一旦穿在身上完全“无感”，就意味着已经没有什么约束力了。但千万不要把自己绷得像粽子，也不适合穿着束身衣去运动，以免它的压迫效果对身体内部器官产生不良影响。另外需要强调的是，魔法束身衣是通过外力来暂时改变身体外部的形态，而体内的脂肪根本没有代谢掉，也就是只能“移位”，不能消除。如果你认为穿上魔法束身衣就可以放肆地大吃大喝，那就完全错误了。然而从长远来说，一件合适的束身衣能帮助你矫正不良体态，尤其对于正在减肥中，身体脂肪减少之后皮肤松弛的状况有很好的辅助作用，希望爱美的MM们都能好好利用喔！

fighting!!
fight for fat!!

靠别人不如靠自己

再完美的减肥方式 也不一定对每个人都行之有效
再伟大的计划 也可能因一个微小错误而失败
瘦身 从来是一个人的独立战争
无可替代 无人拯救 无法逃避
做自己的救世主 击败每个懒惰细节
挑战焕然一新的人生
要知道 连自己都赢得过 没有什么不可能

BLOG 17

Eatting

如果你现在还是未走上社会的学生，觉得中医是老人家才会感兴趣的事情，跟自己八竿子也打不着也很正常。因为有很多人都和你一样，在25岁之前从没想过要养什么生，熬几个通宵照样生龙活虎，天寒地冻穿短裙也不觉得冷，什么减肥药都敢吃，多少酒都敢喝，反正一觉醒来就什么事都没有了。你可以这样挥霍，也不必担心老了以后有什么后果。因为现代人的亚健康状况，根本不用等到老了才体现出来。对于大部分女生来说，25岁生日一过，

就会迅速发觉自己不再“青春无敌”。身体像一只晴雨表，多年来的积习逐渐显露，到那时再开始想办法养生，亡羊补牢毕竟是事后诸葛。

懂一点中医，绝对没有什么坏处。中医不等于喝苦药不等于扎金针不等于刮骨疗伤之类神乎其神的坊间传闻，却有很多比冷冰冰的铁器、硬邦邦的胶囊更容易接近的东西。至少你可以更了解自己的体质，然后在吃东西的时候有所选择。为什么有的人怎么吃都不胖，为什么有的人吃一点就胖，因为食物也有自己的品性。如果你吃了和自己身体体质“对味”的食材，就像进补一样，不仅不容易发胖，也会更加健康。反之，如果你选择的食材属性不适合自己的体质，那不仅给瘦身带来困难，更会对身体无益。

以最简单的道理来说，男性属阳，女性属阴，所以女生的体质通常比较容易寒。我们看到生活在寒带的动物都比较肉乎乎，因为身体会自动贮存更多脂肪来御寒。相反，寒气不在了，身体就会自动“减负”，避免过多脂肪的囤积。所以说，易胖的人多半属于寒性体质，出现水肿的几率也比较高。寒性的人因为怕冷，多半不喜欢做运动，尤其到了秋冬季节，常常为了获取热量而吃更多的东西，这样的恶性循环很容易就成为寒性体质的MM变胖的主因。而热性体质的人好像一直生活在夏天，常常

BLOG 17

流汗，所以不太容易水肿，却很容易因为上火而导致便秘。所以寒性体质的人，适合吃温性及热性食材，至少是平性食材，这样可以增加活力，加快新陈代谢，譬如羊肉、生姜、枸杞、萝卜等等都是不错的选择。而如果在饮食上不注意，譬如夏天吃太多西瓜、冷饮，或是吃太多让胃消化负担变重的糯米类食物，都会让身体变得越来越没有活力，脂肪当然代谢不出去啦！而热性体质的人则刚好相反，应该多吃苦瓜、绿豆、芹菜这些清热解毒、富含纤维质的凉性食材，告别便秘困扰，把小肚腩里面鼓鼓的宿便都清除。而且热性体质的人普遍食欲不错，又爱喝冰镇饮料，所以要注意控制食量，尽量少喝含糖饮料。

Eattin

除了寒性和热性的笼统划分之外，也有些人的体质是寒热交杂，这样就更为复杂一些，譬如又怕冷又容易上火，猛烈地发痘痘同时伴随着水肿，这些都可以通过中医的调理来改善，我们自己也要格外关注身体的变化。在这里提供一些适合寒性体质和热性体质的瘦身小贴士，MM们可以根据自身状况分类试验一段时间，说不定会收到意想不到的疗效呢！

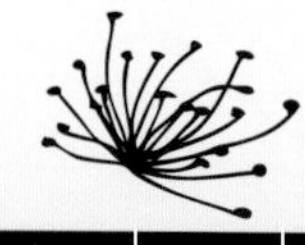

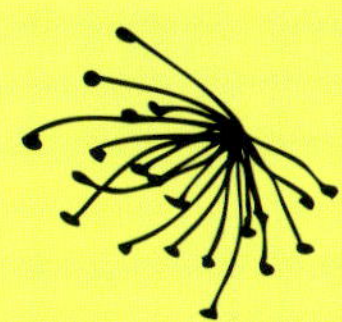

Traditional Chinese medicine

BLOG 17

我怕冷！我不爱动！我很少口渴！我是寒性体质！

Tips

寒性体质养生小贴士

1. 坚持睡前用热水泡脚，每天15~20分钟，水至少要没过脚踝，泡到双脚发红发热，湿气就比较容易跑出来。

2. 别再要风度不要温度，天气凉了就乖乖穿厚一些，尤其注意腿部和腹部的保暖。要知道，哪里寒哪里就会囤积脂肪，想要你的小腿和纤腰都美美的？那就在秋冬天把它们藏起来吧！

3. 可以用“老姜红糖减肥法”：生姜是著名的“发汗食物”，可以刺激血液循环，消除体内胀气，驱寒暖身，和红糖是天生一对的搭配。红糖富含铁质等微量元素，可以维持身体血糖，女生在每个月生理期之前喝姜汁红糖能缓解痛经，平时也可以通过“老姜红糖减肥法”来控制体重。具体的做法是把姜切细丝，和红糖一起放在锅里小火煮20~30分钟。记得趁热喝，如果一次煮得比较多，也可以装在瓶子里，要喝之前用微波炉加热。整个白天饿的时候都只喝老姜红糖，不再进食，晚餐正常吃。对于体质特别寒的MM，用这个方式一个月可瘦5~10斤。而且不必忍耐漫漫长夜的饥饿，更有益身体健康！

我怕热！我经常上火！我很容易便秘和肚子胀气！我是热性体质！

Tips

热性体质养生小贴士

1. 平时可以多喝生茶、金银花茶、苦瓜茶等清火去热的自然茶饮，尽量戒掉喝冰镇碳酸饮料的习惯，尤其是炎热的盛夏，白开水是最好的消暑饮料。

2. 对于上腹突出的MM，一定要多吃西芹、西兰花、苦瓜这些富含纤维的食材。苦瓜健脾去热，更含有比柠檬高四倍的维他命C；黄瓜也是热性体质人的瘦身好伴侣，用新鲜的黄瓜切片敷脸，更可以消除痘痘和镇静晒伤。

3. 不妨试用“香蕉早餐减肥法”，听说深田恭子当年也是靠这个方法甩掉了婴儿肥。在水果里面，香蕉的热量比较高，营养相应也很高，不仅富含钾质及多种微量元素，可以促进排水消肿，更可以缓解便秘。如果平时作为零食，香蕉不算首选，但是作为代餐却是非常合适的，尤其适合在早上提供一天的活力。所以香蕉早餐减肥法就是早餐只是香蕉，数量不限，其他两餐正常吃。以一般人的食用量，早餐吃2~3根香蕉已经足够饱了，因此无需特别限制。不过如果你是猴子转世，嗜食香蕉每次半打，也还是需要控制一下。这个方法温和而健康，比较适合热性体质的人长期坚持。

BLOG 18

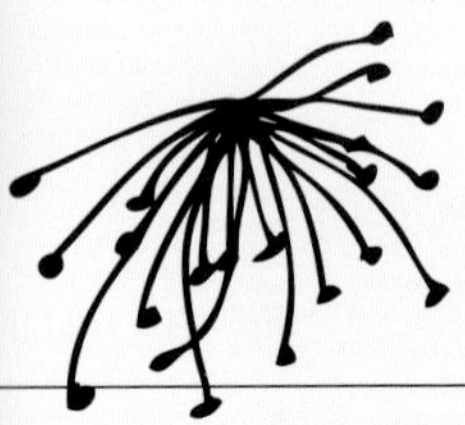

“葵花点穴手”你也可以学

“葵花点穴手”到底有多厉害，谁也没真的见过或是被点过，但是除了饮食疗法和体质的寒热虚实之外，不妨学习几招穴位按摩，了解对身体健康有很大影响的重要穴位。这几个穴位都分布在下肢，容易找到，以后再有机会去做足底按摩，也不用哇哇乱叫地问捏脚师傅：“刚才您按到我哪里啊？！怎么那么痛？我是不是哪里不好啊？”甚至还可以很内行地告诉他：“我的足三里和三阴交比较需要多按一下”，这样他就会知道你这位客人可不是那么好骗，不能太敷衍地草草捏几下了事。

了解穴位和按摩，最重要是可以给自己做保健。每天只需要花上30分钟的时间，就可以把几个重点穴位都“问候”一遍，对于肠胃、内分泌的调理和水肿的消除都极有好处。不过最好不要指望一两天就有什么奇迹出现，一定要坚持才有效果。不知不觉中，你还会发现“真的瘦了”！

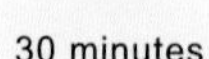

important meridians

我们自己按摩穴位，在准确度和力度上都可能会有欠缺，或是按了一会就觉得手酸，使不上力气。其实，中医大夫或按摩师总是按得特别疼，是因为集中用力在一个点上。所以力气比较小的初学者，可以买一根点穴棒，或是用经络锤敲打。在没有器材的情况下，用筷子头或者是圆柱形的笔头按揉，也有一样的效果喔！

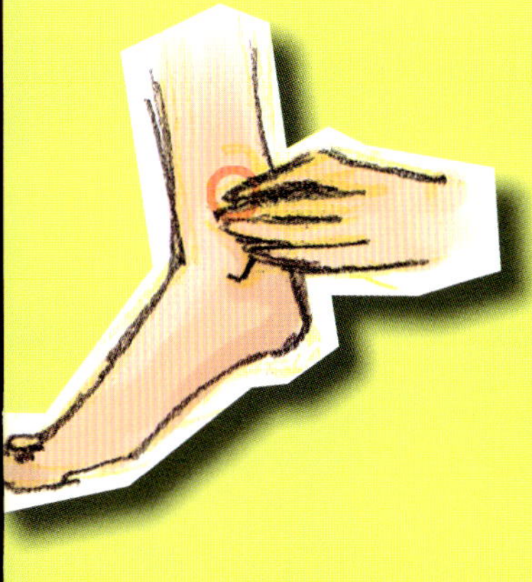

下面就开始介绍穴位：女生要记住的第一个穴位就是三阴交。为什么叫这个名字呢？因为人体的经脉分阴经和阳经，肝、脾、肾这三条阴经的交会点就叫做三阴交。有些人只知道三阴交在脚踝和小腿之间，却不知道怎样定位它。我们把手掌放在脚踝骨的内侧面，小指指尖贴着脚踝骨的边缘，这个时候食指所按到的地方就是三阴交了，距离脚内踝尖上方约7厘米左右。如果你还是不确定自己按的位置准不准，没关系，只要在这个小腿胫骨后缘的周围多试几下，感觉到最酸痛反射最敏感的那个点就是。

三阴交是人体一个“实时充电”的按钮，常常按摩比吃补药还有效，尤其和美丽相关的问题它都管：减肥、去水肿、抗衰老、排毒……我们很多人到了傍晚就会小腿肚浮肿，脚踝周

ssage

围按下去都有一个小坑，这就是身体里的浊气下沉，通过经脉运行到三阴交这里，多按摩可以促进水肿的代谢，让小腿看起来更纤细。由于它掌管着三条经络，对脾胃虚弱、消化不良这些肠胃问题，皮肤湿疹、皮炎等毛病，痛经和妇科疾病，包括单纯的肥胖和消瘦都有很好的疗效，所以MM们一定要坚持常常按摩。

足三里也是我们比较常听到的一个穴位，做足底按摩的时候，按摩师都会捏到小腿上的足三里穴。我们自己按摩的时候要怎样找呢？我们把手放在膝盖骨外侧的凹陷处，向下横着数第四根手指，小腿腓骨与胫骨之间的位置就是了。足三里可是我们的肠胃系统充电器，譬如夏天没有食欲、秋冬天消化不好、胃痛胃炎，都有疗效。如果家里有艾条的人，还可以经常用艾条灸这个穴位，效果更明显。

血海，顾名思义就是气血聚集的地方，这个穴位可以说是“除斑圣手”，位置也很好找。用掌心盖住膝盖骨（记得是右掌按左膝，左掌按右膝），五指朝下，手掌自然张开，大拇指按着的地方就是血海穴。每天上午是脾经经气很旺的时间，所以在早上9点到中午11点之间刺激效果最好。按揉血海穴，渐渐就会发现脸上的雀斑都淡化消失了。MM们在生理期前后也应该经常按揉血海穴，帮助身体自我调节和恢复元气。

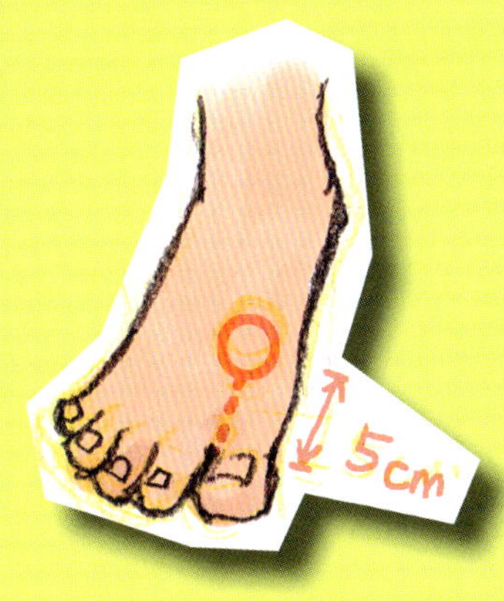

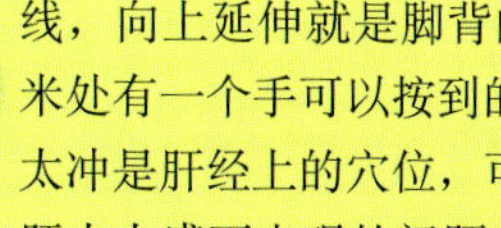

腿上的穴位介绍完，再说两个脚上的。也许有人会问，为什么都是在下肢的穴位呢？上肢的都不重要吗？不是不重要喔，而是下肢的穴位我们比较容易找得到，自己按摩也能够看得清位置，而且下肢的很多穴位和女性的“面子问题”密切相关，所以这里作重点介绍。有兴趣的朋友也不妨去买一张“人体经络穴位图”，可以了解更多的穴位知识。

我们的大脚趾和二脚趾的趾缝正对着的那条线，向上延伸就是脚背的最高点。趾缝上方约5厘米处有一个手可以按到的凹陷，这里就是太冲穴。太冲是肝经上的穴位，可以缓解由于肝气郁结或是肝火太盛而出现的问题。MM们会痛经，脸上有黄褐斑，都和肝经不通有关，所以经常按摩太冲穴非常有好处。按的时候不要一味的只是压住不动，而是轻揉，或是向着脚趾缝的方向推，这样才能够帮助行经理气。胸口闷或是情绪很不稳定的时候，按压太冲穴都能帮你缓解这些症状喔。

太溪穴在哪里？比你想象的更好找喔，脚踝内侧后缘的凹陷处，用拇指和食指一捏到脚后跟上面的小坑就是啦。揉太溪穴，很多人觉得完全没感觉，不酸也不痛。这就需要经常揉，把不痛的给揉到痛，痛的揉到不痛，这样才能把气血引到脚底的涌泉穴去，让肾经通畅。太溪是体内阳气的汇聚地，所以手脚冰冷啊，体弱体寒的人可以多多按揉，让阳气输送到全身各处，不仅能驱寒，对于生理痛也有很好的效果。

BLOG 19

呼吸就能瘦的秘诀

很多MM都知道瑜伽里面的腹式呼吸法，但只有在上瑜伽课的时候才会想起来这样做。其实腹式呼吸我们生来就会，你看每一个大声啼哭的婴儿，都是小肚子一鼓一鼓，没有哪一个是胸部起伏，肚子不动的，这就是人最早的腹式呼吸。当我们渐渐成年以后，身体不再那么缺乏氧气，生活习惯和说话方式都导致我们的呼吸越来越浅，越来越短，逐渐放弃了呼吸这个与生俱来的“自体运动”，只留下它的功能性供氧用途。

为什么腹式呼吸能减肥呢？首先我们应该知

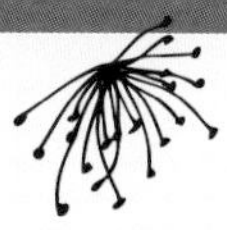

道这种呼吸方法能够运动到哪里。我们肚子上的肌肉由三层构成，从外到内依次是腹直肌、腹斜肌、腹横肌。腹直肌是纵向肌肉，辅助我们上半身的活动，在肚子的正面。通常我们看到练健美的人肚子上的“六块肌”就是腹直肌了；腹斜肌为斜向肌肉，可以辅助我们身体弯曲，在腰部的侧面，穿低腰裤坐在椅子上的时候，腰侧被挤出肉肉的位置，就是腹斜肌的所在了；腹横肌则是在腹部深处的横向肌肉，在上半身深度弯曲时发挥作用，我们每天便便时用力的也是腹横肌。所以如果腹横肌很少锻炼，就很容易产生便秘。当我们保持正确的站立或静坐姿势时，腹直肌应该得到拉伸，腹斜肌和腹横肌则是收缩的。而长期驼背或缺乏运动，这三块肌肉就很少得到锻炼，不仅小肚腩越来越大，而且也会在内脏周围堆积脂肪。

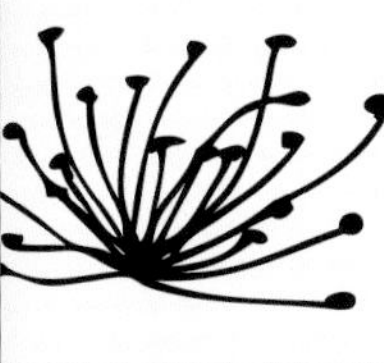

当我们采用腹式呼吸的时候，其实不自觉地就在给肚子做瘦身运动。吸气时腹腔内部的横膈膜会下降，把脏器挤到下方，所以肚子会膨胀，而不是胸腔。吐气时横膈膜将会比平常上升，因而可以进行深度呼吸，吐出较多易停滞在肺底部的二氧化碳。这样的过程对于胃肠道是极好的调节，相当于从内部给肠胃做按摩，促进它们的消化蠕动，防止便秘，更可以运动到腹部的肌群，帮助它们恢复活力。

reath

BLOG 19

日本学者研究指出，女性发胖的原因和肠道温度低有关。据说体温保持在37℃的女性要比体温在36.5℃的女性更容易瘦，因为前者的肠道温度相对高。我们中医说的“肠寒”会在侧腰两边长出肉肉来，就是这个原理。所以改善肠道温度，最简单的方法就是进行腹式呼吸，通过横膈膜让内脏器官都运动起来。这个方法对于减肥和排毒，尤其是消除平日里难以运动到的内脏器官的脂肪都非常有好处，坚持一个月就可以看到效果，你会发现腰变得更紧实，小肚腩也缩小了不少！

腹式呼吸怎么练呢？很简单，刚开始的时候主要是为了养成习惯，平躺在床上会更清楚地感觉到身体的差异。右手放在腹部肚脐，左手放在胸部。吸气时，最大限度地向外扩张腹部，胸部保持不动；呼气时，最大限度地向内收缩腹部，胸部保持不动。这样循环往复，保持每次呼吸的节奏一致，通过手掌感受到腹部的起落，熟练之后就可以不用手来衡量，只要关注呼吸过程即可。刚开始练习的朋友可以限定自己每天早、中、晚各采用腹式呼吸5分钟，之后逐渐再延长时间。

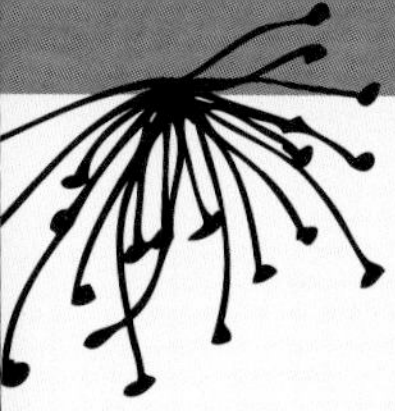

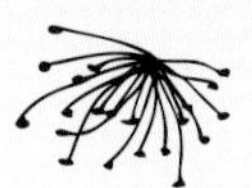

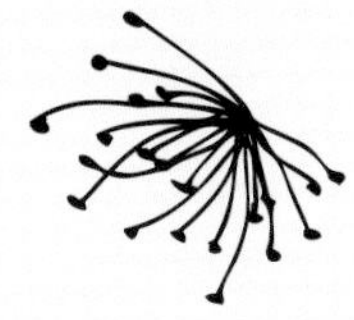

惯了腹式呼吸以后，还可以挑战更高难度和更高效果的“排毒呼吸”。这是在腹式呼吸的基础上练习的，在吸气和呼气之间加入了憋气的动作，时间比例是1:4:2。呼气比吸气多两倍时间，是为了让淋巴系统加速排毒；憋气比吸气多4倍时间，则是为了让血液更好地将氧气输送到全身各处。例如用鼻子吸气4秒，接下来就憋气16秒，然后再呼气8秒。每次做10组，有空的时候就可以做。这样的练习会进一步锻炼到腹部肌群，同时帮助身体排出深层毒素。有些养成习惯的人，已经无意识地将所有的胸式呼吸换成了腹式呼吸。试想，这就相当于你每天时时刻刻都在做瑜伽，瘦身效果当然是非常明显的。

expulsion of toxin

要怎样检测我们是否已经养成腹式呼吸的习惯呢？首先在呼吸的时候确定你的肩膀没有不自觉地向上耸，其次腹部的扩张应该比胸部早，也比胸部的幅度更大，最好是胸腔完全不动，只有腹腔起伏。当我们进行深度呼吸时，连腰部也在进行扩张，这样就是标准的姿势啦！

eath

BLOG 20

24Hours!
瘦身黄金时段节目单

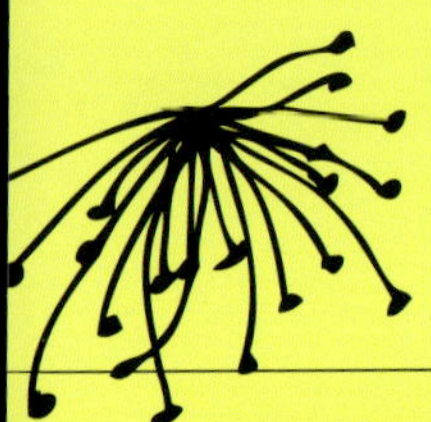

所有在瘦身中的GG或MM，都需要接受耐力的考验。毕竟瘦身是自己的事情，就算请一个私家教练来每天贴身监督也不得力，自己的命运，只有自己决定。接下来就给大家示范列出一份24小时的rundown，帮你把握住每一个瘦身的黄金时段，排好适当的节目单。把这张表复制下来，按照自己的情况重新做一份量身打造的24小时瘦身计划表，焕然一新的自己，就从这里开始喔！

A.M.7:00　起床先喝一杯水

drink water after getting

没错，大家都知道起床以后要先喝一杯水。经过一整夜的睡眠，缺水的身体最需要的不是蜂蜜水不是柠檬水不是淡盐水不是咖啡不是豆浆不是冰水，而是一杯常温的、新鲜的温开水或纯净水。不仅可以帮助肾脏及肝脏解

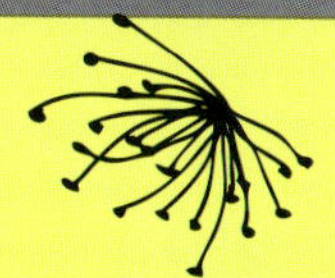

毒，也可以激活身体的各项机能开始运转，尤其是促进便便的排出。至于其他有任何添加物的水，都应该排在这一杯纯水的后面喔。

black coffee first

A. M. 8:00　早餐前喝黑咖啡

早餐的饮品选择，牛奶尽量选脱脂，豆浆尽量选无糖。如果这些你都觉得对于瘦身的人有些奢侈，太好了，请选择黑咖啡。建议不要选冰咖，因为热咖啡可以帮助你更快地消耗体内的热量；建议不要选浓度过高的espresso，一方面空腹喝太浓郁的黑咖啡可能会刺激胃酸，另一方面是烘焙温度高的咖啡，咖啡因含量比较少，不利于瘦身。味道比较淡、价格也相对低廉的美式咖啡最合适，在KFC、麦当劳和很多便利店都有售卖。一杯100克的黑咖啡只有2.55千卡的热量，更有利尿作用，还可以促进心血管的循环，唯一原则是不许加糖和奶。喝完咖啡20分钟再吃早餐，不仅可以帮你控制食量，还能将脂肪燃烧的速度加快5%。

BLOG 20

supply vitamin & mine

A.M. 9:00 适时补充维生素和矿物质

不管你是不是每天带着一大堆保健品的“药丸族”，适时补充维生素和矿物质都是种好习惯。维生素C有助于我们的皮肤美白，维生素B_1、B_2、B_6和B_{12}能够促进脂肪、蛋白质、糖类的代谢，还可以促进燃烧脂肪、避免脂肪囤积。维生素D更了不起，它是人体制造瘦素所必需的物质。瘦素听起来很不可思议，但它确实是瘦子们身体里所拥有的一种激素，可以控制人的食欲，也会在人进餐后及时产生饱腹感。缺乏维生素的人可能比较容易胖，而且减肥也比较事倍功半。如果你摄入的钙质不够，还可以补充一些钙片，因为科学研究显示，每天早午餐各摄入300毫克钙质的人，可以多减去22%的体重，脂肪多减去61%，腹部脂肪多减去81%。

A.M. 10:00～11:00 任选一种无糖茶类

上午时分，困倦来袭。这种时候记得不要

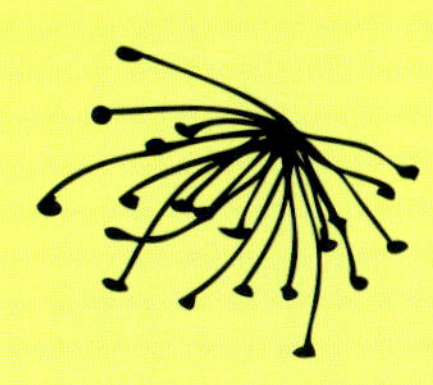

去摸零食或者打电话叫奶茶外卖，在身边准备一些无糖的茶类吧。直接冲泡的茶类比茶味饮料或者茶包都要健康，至于口味，绿茶红茶乌龙茶苦瓜茶柠檬片茶大麦茶玄米茶，总之任选一种来喝。很多人觉得什么味道都没有的白开水比较难以下咽，加入一点茶味会更能接受，也促进多多饮水的习惯。可以买新鲜柠檬切片泡水，也可以把苦瓜切片晒干后做成茶包。如果是喝普洱茶，建议不要在饭前喝，那样会有开胃效果。无糖乌龙茶几乎不含热量，也不含脂肪和钠，会让你的新陈代谢系统加速运转，使身体燃烧的热量提高3%，脂肪消耗提高10%。尤其在吃过油腻食物的饭后，喝三得利的黑乌龙茶，很多人都会立竿见影地体验到刮油清肠的效果呢！

tea without sugar

另外，有些MM喜欢买花茶来喝，在这里提醒大家，尽量不要买散装花茶或是没有品质保证的廉价花茶，因为它的制作过程安全性没有保证。谁知道这些花在采摘下来晒干的过程中有没有仔细清洗，有没有喷洒农药，有没有经过消毒。花瓣上的农药残留往往比蔬菜上的还要多，这样一遍又一遍地冲泡，只会把有毒物质统统喝进身体里，对健康毫无益处。

Hours

BLOG 20

24Hours

A. M. 12:00～P. M. 1:00　午饭后不要立刻坐下来

如果你已经享用过热量充足的早餐（譬如一个包子的热量约为250～270卡路里，两片全麦面包的热量约为120卡路里，一杯无糖豆浆约为35卡路里，包含这三种食物的早餐总热量超过400卡路里），也不想错过下午的水果时间，晚上还有推不掉的应酬，那建议午饭就不要再贪心地想着便当啊炒饭这类主食了。来一份蔬菜沙拉，或者用脱脂奶泡一杯原味麦片，都能让你午饭后不那么容易犯困。如果一定要吃主食，尽量吃发酵食物，例如馒头、吐司等，因为食物在发酵过程中，淀粉和糖类被分解成了不容易消化的成分，会给身体带来更强的饱腹感。不管吃了什么，进食后30分钟不要立刻坐下来，可以去附近散散步，或是背靠着墙壁站立一会，都是不让小腹突出的好方法。如果你真的很困，需要利用午休时间小憩一下，记得先睡觉，睡醒了再去买东西吃。

no sit down after lunch

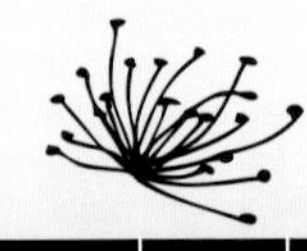

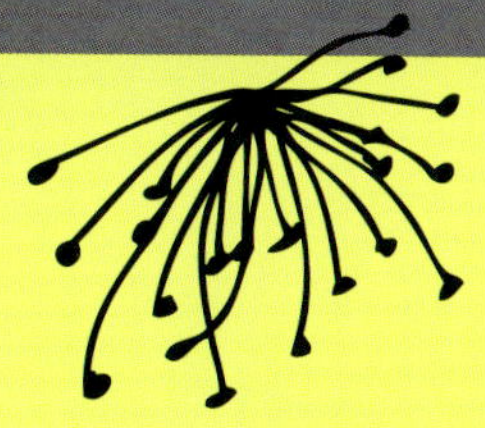

enough fruit to eat

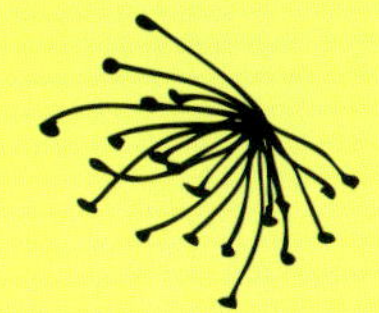

P. M. 4:00　吃1～2份水果

眼看下班还有两个小时，午餐的食物却已经消耗得差不多了。人困马乏之际，来点水果提提神吧！下午时分吃1～2份水果，会帮助你的血糖提升，比较不容易情绪低落和倦怠。一份水果的量是多少呢？大约相当于半根香蕉，或者一颗苹果，或者三根小黄瓜，或者两颗番茄，或者半颗葡萄柚……总之是根据水果的糖分和热量来决定的。如果是上班或者上学的MM，建议可以买一个小的保鲜盒，在家里把水果切成小份之后用保鲜膜包好装在盒子里带去，这样既能够保鲜不浪费，又能够控制我们每次摄入的量。

BLOG 20

P.M.6:00　赴宴前称体重

这招虽然有些变态，但绝对具有警示作用。如果你真的想减肥，就趁早丢弃那些“眼不见为净”的鸵鸟战术，积极面对现实吧！买一只电子体重计，精确到小数点后一位；买一个皮软尺，随身携带。除了要定期关注自己的身体尺寸变化，每周称量体重之外，在每次赴宴前也应该再次称量体重或是测量身体围度，提醒自己谨记革命尚未成功，同志仍需努力，今日之成果得来不易，千万不能因为一顿饭就功亏一篑了。顺便提醒，有些MM喜欢买宽松一点的衣服，这也是瘦身之大忌。永远不要为自己的身材发展预留空间，衣服要合身，可以小一号，绝不能松松垮垮让肉肉有处可藏，被自己的假象所蒙蔽。

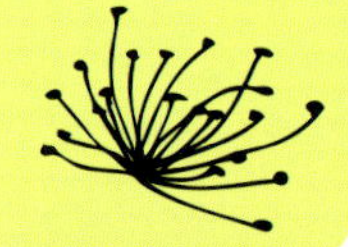

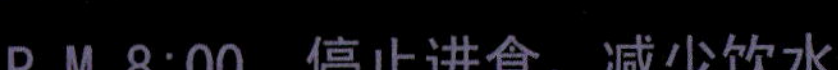

P.M.8:00　停止进食，减少饮水

就像灰姑娘记得舞会要以12点的钟声为限，你也应该严格遵守晚上8点后不再进食的原则。不管是不是还有一道甜点没上，不管是不是

还没吃饱，到了这个时间，就应该优雅地表示你已经不再需要食物。人体的吸收功能到了晚上就会变弱，新陈代谢也转慢，吃下去的食物更容易转化为脂肪囤积，所以距离睡觉越近，越应该停止一切进食，包括饮水。由于水分的代谢也需要时间，未代谢完而储存在身体内部就会变成水肿。如果你隔天早上发现眼袋和小腿都肿肿的，就说明存在排水不畅的问题啦。

P. M. 10:00　睡饱七小时

到了晚上10点，一切都开始为睡眠服务。如果你想一觉醒来变成瘦子，就应该坚持每天至少睡饱7小时。熬夜不会帮你减肥，只会让你体内负责反应饥饿感的荷尔蒙增加近一倍，而调节体内脂肪含量和食欲的荷尔蒙减少。据调查指出，每天睡眠不足6小时的人，平均腰围会变粗9厘米！想达到边睡边瘦的目的，第一是要保证规律的睡眠时间规律，其次是要建立良好的睡前习惯，譬如我们在这本书前面讲到的，应该坚持用热水泡脚，睡前腹式呼吸，睡前腹部按摩……这些活动应该在睡前45分钟开始。这样做，你的身体很快就会开始出现准备入睡的放松状态，酝酿进入深度睡眠的情绪。

enough sleeping

private fitness trainer
UP

私家教练真人秀 五大瘦身秘籍

都说要“有图有真相”
单凭一家之见好像不足以让人信服
这次请到上海著名舞蹈&健身教练WIKI老师
担任特邀嘉宾为大家现身说法
直击六大脂肪最易堆积的危险区域
手臂+肩背+脚踝+大腿+后腰+小腹瘦身操
小运动有大成就 WIKI老师手把手教你学
今天 就开始改变！

Profile

谁是WIKI

WIKI 私密小档案大公开

中文名：王涵

星座：金牛座

血型：A

现居地：中国上海

舞龄：20年以上

擅长舞种：古典舞和现代爵士

个人工作室：青兰舞社

工作室博客：http://blog.sina.com.cn/watertalk0509

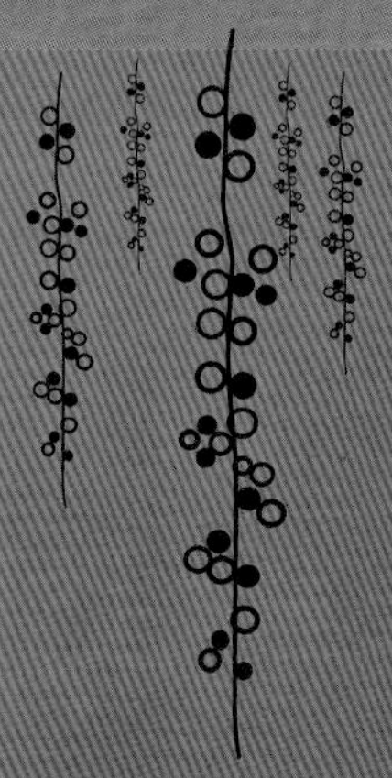

WIKI是我认识的人里面，和舞蹈最有缘分的一个。这缘分不在于他从幼儿园就开始学习跳舞，有20多年的舞龄；也不在于他曾经在上海20多所健身会所任教，有着数不清的学员。最妙的是，他本是上海同济大学物理系的高材生，顶着名校学子的头衔，“不务正业”地把爱好变成了毕生事业。你说他新潮，他又偏偏很老派。被骨子里对中国古典文化的情结引领，教了10年的舞蹈，又学了几年的青衣，从摩登回到古典，反而越来越体会到舞蹈的魅力与真谛。

who is WIKI

在WIKI的生活里，没有一天离开舞蹈，每天都是至少三四个小时在上课或练习。对他而言，舞蹈已经成为一种身体语言，通过跳舞，用身体的规律去了解一些别人在书本、在其他工作中了解到的道理，并且把舞蹈视为一个最有正当理由去任意放大自己情感的机会。在舞蹈中他找到自信、发现自己，更独创出结合力学与美学的独特瘦身方法，强调身体各部位的协调和力量传导，从而雕塑出更修长、更柔软的身体曲线。

BLOG 21

WIKI的“六点一线”瘦身操

为什么要选这六个部位来做瘦身操，WIKI老师其实想了很久。首先为了灌输给各位同学一个概念，那就是“瘦身没有所谓的局部”。因为人体脂肪是会流动的，我们身上的经脉、肌肉、骨骼乃至内脏器官，也都互相牵连。所以想要达到身体某个部分纤细苗条的效果，只是针对那一块区域进行锻炼是不行的，必须“溯本求源”地找到合适的发力区、传导区，才能产生事半功倍的效果。后面WIKI老师选的六个重点区域，一方面都是脂肪比较容易堆积，平时不容易充分运动到的“红灯区”；另一方面也是希望通过这样的编排让运动更有逻辑和套路性，学员们容易记住，可以从一个动作顺延去完成下一个动作。养成习惯之后，对于平时生活中的体态都有很好的矫正作用，所以把六个部位的局部运动结合在一起，编成这套简单而有效的“六点一线”瘦身操。

WIKI老师认为，为什么很多舞者的身材都显得非常匀称，线条都很修长，一方面因为舞蹈比较讲究动作的伸展性，使力量比较不会集中在哪一块肌肉

爆发，另一方面是跳舞的人因为经过长期训练，已经改变了调动肌肉发力的方式。譬如很多MM都为自己上臂外侧的那块“腱子肉”烦恼，看起来显得肩膀很宽，人也很壮，可是平时并没有去练这里啊。实际上这是因为我们平时看到一个物品，就会习惯性地伸手去拿。一般人多半用肩膀发力，调动手臂向前伸，无形中就在锻炼肩部肌肉。而跳舞的人比较习惯用后背的肌肉发力，由肩胛部分传递到手臂，所以通常不会导致这一块肌肉变得发达。

six points-one line

因此，在开始教学之前，WIKI老师要跟大家强调一个学习的基础，就是从每一节瘦身操开始到结束，都要保持舞者的体态，简言之可以概括为“抬头挺胸、紧腰收腹”。有人说，这还不简单啊，从小学就开始被老师和父母耳提面命，谁不会呢？会做，和做得对，其实还是有一定差距的。尤其在我们日常生活中，由于工作压力、生活不规律，不自觉地就会忘记正确的姿势，而养成一种不健康的体态，日积月累身体就会给你颜色看。什么“鼠标手”、“网球肘”、肩周炎、腰椎间盘突出和颈椎问题，甚至连身材问题，都和平日里每分每秒的体态有关。很多MM爱穿“魔术内衣”，其实就是通过外力的约束，矫正我们的错误体态。如果我们能够从自身开始注意，站立坐行都逐渐养成优雅的姿势，相当于时时刻刻都在做运动，身体对自己有了约束力，肉肉才无处可长。

six points-one line

rcise

BLOG 21

抬头+挺胸

thrust out your c

人的脖子是自然有弧度的，在自然状态下，即使感觉自己的脸部保持水平周正，脖子也并没有放正。当人进入运动状态的时候，脖子应该保持挺拔的状态。这就需要以耳垂后方为坐标，想象把头往斜后方靠，一直靠到感觉自己的锁骨被缓慢地上提直到仰起来，这个时候鼻尖正对前方，这样才算是做到所谓的“抬头”，脖子放松了。

有很多人的挺胸，都是靠肩部发力向后拉，这样把胸“拱”出来。其实这个动作在舞蹈里面叫做“夹肩”，不能算作挺胸。真正的挺胸应该从背部的斜方肌发力，斜方肌在背后有四个起止点，分别位于肩胛骨的两侧、脖子的颈椎末端和脊柱的中段，是一块菱形的如同风筝一样的肌肉。斜方肌的发力就是像把风筝收拢一样，四个端点发力向中间聚拢，使整块肌肉收紧，胸就自然挺起来了。

紧腰+收腹

很多人认为把肚子吸进去就是收腹，或是背弓起来让腹部凹陷，吸肚子是腹直肌在发力，凹肚子是卷曲腹肌，这样都是不正确的。真正的收腹是借由前面抬头挺胸的动作和对骨盆的控制力，让你的腰部肌肉得到舒展。当胸口挺起来的时候，胸腔到骨盆的距离会变长，在这个时候适当地收缩腰围的腹横肌。腹横肌在哪里呢？不在背后，不在侧面，而是在腹部肌肉的最深层，环绕着腰部一圈的横向肌肉。腹横肌肉眼看不到，但却可以保护我们做所有运动的时候，受力均衡稳定。跳舞的时候，最重要的肌肉就是它啦！为什么很多MM都觉得穿上高跟鞋以后，人会比较纤细瘦长，腰围也感觉会缩小，这正是穿上高跟鞋，使腹横肌收缩的结果。所以大家在抬头挺胸之后，一定要保持骨盆的稳定，然后舒展腰部肌肉，想象自己套进一件很紧身的衣服，把肋骨到腰腹周围都箍紧压扁了，整个腹横肌得到完全的收缩，才算是紧腰收腹。

BLOG 21

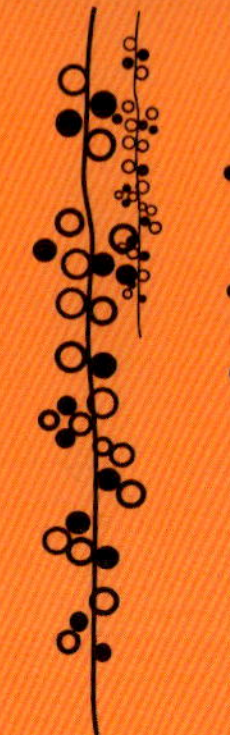

蝴蝶袖退散操

手臂下面晃动的蝴蝶袖是MM们最痛恨的地方，可是手臂运动的效果好像一直不让人满意，常常是只锻炼到肱二头肌，最关键的肱三头肌却使不上力。这里我们就要最先介绍针对蝴蝶袖的手臂运动，从最难的地方入手，大家现在就一起来努力吧！

thin out your arm

1

2

4

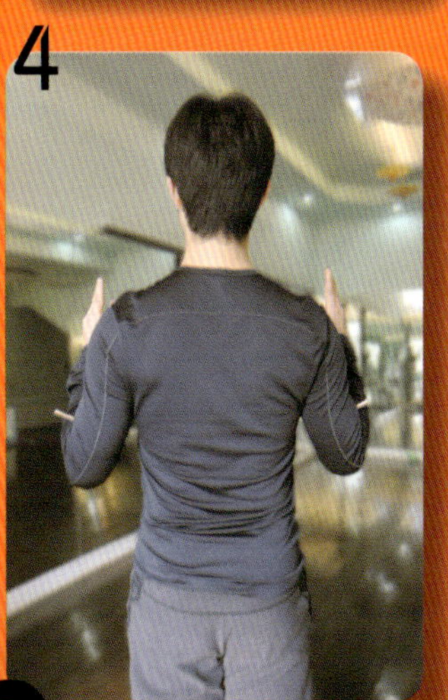

3

ise

5

6

six points-one line

7

thin out your arm

STEP 1：保持紧腰收腹站立姿势，取两支铅笔，夹在左右手肘内关节处，这样就可以确保肱二头肌始终处于收缩的状态，并且手腕不会再用力了。

STEP 2：双臂垂直举在身体正面，肘关节夹紧确保铅笔不会掉下来。注意不要耸肩，肩胛部位要像被强力胶封住一样，完全固定。

STEP 3：手肘垂直向身体后方平移，双臂紧贴身体，感觉到肩胛骨也向内夹紧，胸部自然向前挺。

STEP 4：继续保持手臂前端夹紧不动，上臂以肩为圆心向身体外侧画1/4圆弧，直到手肘抬到与肩膀一样的水平高度，停住不动。这里还是要提醒大家，千万不可以耸肩喔，一定要保持肩膀的水平，才能有效锻炼到斜方肌，从而带动肱三头肌的拉伸。

STEP 5：先移动手肘，向内向后画弧，肩膀保持水平，相当于反方向重复STEP3~4的步骤，将手臂收回身体前面来。注意不是简单的直线晃动手臂，抬起和放下都有一个手肘向后平移、夹紧肩胛骨的动作。每一次抬起和放下的过程都应匀速而缓慢，但要保证肩部和前臂完全不动。将更多的注意力集中在夹铅笔的手肘关节，注重后背的伸展。

STEP 6：上述动作熟悉后，可以继续“进阶版”的练习。这个时候取掉铅笔，从STEP4手臂平抬的步骤开始。现在换成上臂完全固定不动，以肘关节为圆心，前臂向下伸展画1/2圆弧。记得双手握拳，拳眼向上，手腕要放松，向身体两侧完全打开，直至手臂完全平举成直线。

STEP 7：保持肩膀和上臂水平固定不动，继续以肘关节为圆心，向反方向画半圆夹紧手臂。这样整套动作就完成了。在实际练习的时候，可以先做STEP1 ~5，每30个为一组，熟练之后再做STEP6~7，同样以30次为一组，给上臂后侧部分的肌肉更多刺激，让恼人的蝴蝶袖从此Bye-bye！

BLOG 21

six points-one line

exercis

take exercise your backs

肩背美化操

有些MM的肩部和后背肉肉很厚，就会被朋友笑称："哇，你好壮！"壮和胖虽然语义不同，却都属于女生的奇耻大辱，而且通常比单纯的肥胖更难解决。如果你不想再变成虎背熊腰的代言人，就从现在开始做运动吧！这个小小的肩背美化操，就是针对肩部和背后的斜方肌打造的。跟上一个蝴蝶袖运动搭配在一起做，效果会更好喔！

1

2

BLOG 21

3

six points-one line

4

take exercise your backside

exercise

STEP 1：起始姿势就是“蝴蝶袖退散操”的STEP6，只不过伸直的手臂不要再拉回来，而是放松握拳的手，像翅膀一样伸展，保持胸腔和手臂端平。

STEP 2：从腋下外侧肌肉开始发力，想象正在缩短肩胛骨到臀部后侧的距离，肩和手臂往一侧倾斜，往身体的斜后方45度角下压。因为我们肩胛骨部分的肌肉不是一个平面，而是环绕包裹着整个后背，所以必须要在同一平面上挤压收缩，确保这个动作不是靠手臂的摇晃或是头部的倾斜完成。

STEP 3：保持左半边身体倾斜侧压，右边平举的手应该相应地微微上抬用力拉伸，千万不要另一边就不发力垂下来了。两边力量有所抗衡，才能更好地收缩背部肌肉。

STEP 4：回到正中的位置，做另外一侧的下压动作。感觉到肩胛的肉被挤在一起，另一边的侧腰也有拉伸感。

BLOG 21

six points-one li

脚踝纤细操

很多MM在做运动的时候都会忽略脚踝这个环节。其实脚踝虽小却很重要，拥有匀称修长的脚踝，会在视觉上拉长你的小腿，穿高跟鞋也特别好看呢！但是由于脚踝主要控制脚面肌肉，平时比较不容易被运动到，偏偏是水肿最爱找上它，很多MM都只能看着自己粗粗的“腿脖子”望而生叹。WIKI老师这次要教给大家的脚踝纤细操，是专门针对脚踝设计的运动，并且随时随地都可以练习。只要多多坚持，一定会让我们的小腿看起来更加修长迷人喔！

take exercise your ankle

exercise

1

2

BLOG 21
3
4
take exercise your ankle

STEP 1：首先，坐在任何一个让你觉得舒适的地方，两腿放平伸直，确定膝盖没有一点弯曲，要像把它锁定一样，保持不动。

STEP 2：收紧小腿后侧的肌肉，想象脚踝的跟腱正在变短，脚跟和膝盖之间的距离更近。用绷紧的小腿肚去带动脚背绷直，挤压脚踝跟腱。注意不要变成单纯的绷脚尖运动，一定是先从小腿发力，再将力量传递到脚。保持这个动作10~15秒，注意整个过程中小腿和脚背要一样用力。

STEP 3：收缩小腿正面的肌肉，想象正在拉近脚面和膝盖间的距离，用小腿正面的力量去带动脚尖勾起来，感觉到脚踝跟腱的充分拉伸。和上面的步骤一样，先用小腿来带动脚，感觉像是有一条线把脚面拉起来，最后再增加脚趾的力量，这样也比较不容易抽筋。保持这个动作至少20秒，注意全过程都不可以屈膝喔。

STEP 4：重复2和3的步骤，速度尽量越缓慢越好，每次各做20次，充分训练小腿肌肉的控制力。久而久之，腿部血液循环就会变得更顺畅，让水肿没有地方可以郁积，漂亮脚踝秀出来！

提臀细腿操

大腿和臀部一直都是MM们担心的“关键部位”，然而很多人在锻炼的时候是把它们分开的。其实臀部紧翘的人，大腿一般都不会粗，相反如果你的PP很多肉而且下垂，大腿也不太可能很纤细修长。所以在这里建议大家，不要孤立地锻炼大腿或是臀部，WIKI老师要教给大家的就是把这两个运动结合起来做，训练你的腘绳肌。这个提臀细腿操，是在前面“脚踝纤细操”熟练的基础上练习的，这样可以确保你的动作标准，不是依靠小腿或脚尖，而是真的依靠腘绳肌来用力。动作非常简单，但要做标准需要很用心。有人会问，腘绳肌在哪里？大腿根后面和臀部交界的地方就是啦！腘绳肌是由股二头肌、半腱肌、半膜肌组成，通过有效的锻炼，可以让臀部也变得紧翘圆润，穿牛仔裤的时候，逐渐露出“微笑曲线”呢！

take exercise your leg

Tips

我们通常意义上的提臀操，都是人站在那里拼命往后踢腿，像是要把臀部给顶上去。其实这个动作对于很多人来说，仅仅是大腿胫骨在骨盆里的晃动，并没有真正地刺激到臀部肌肉，反而比较容易拉伤。下面通过这个动作就会把运动锁定在关键部位。

1

2

BLOG 21

3

4

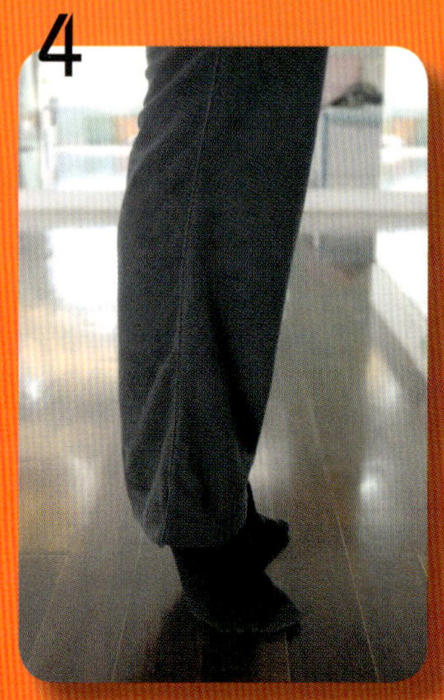

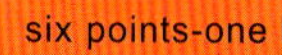

5

6

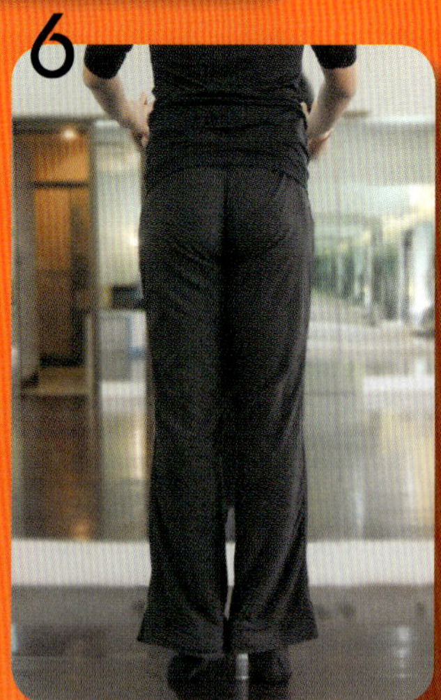

STEP 1：紧腰收腹，单腿站在桌子前面（或是面对着墙也可以），用手轻扶桌面以保持身体的平衡。

STEP 2：收紧臀部肌肉，就是我们常说的“夹屁股”啦！臀部肌肉收紧的状况下，才能使腘绳肌的刺激更强烈，两条大腿尽量并紧，最好是完全没有缝隙。

STEP 3：用大腿后面的腘绳肌发力，想象去带动你的脚踝跟腱。务必记得是带动跟腱，而不是膝盖，否则腿就会变成是向后拉。带动跟腱之后保持住这个动作，让腘绳肌得到充分的收紧，坚持5~10秒。

STEP 4：接下来要练习放松的动作。仍然是紧腰收腹夹臀，双脚落地，以外八字的姿势站立，让刚才收紧的腘绳肌和跟腱都得到放松。

STEP 5：再次用臀大肌和腘绳肌一起发力，想象用臀部的力量去带动小腿，带动脚跟的上提，让脚顺势踮起来。记得不要单纯地踮脚，用前脚掌去支撑整个身体的重量，这样很容易造成扭伤，不仅没有锻炼到臀部，而且会让小腿的肌肉变得很粗。应该是臀部先发力，然后带动脚跟踮起来，保持1~2秒。

STEP 6：继续保持提臀的动作不变，先放松小腿的力量，随后让脚跟自然落下，臀部最后才放松。然后再重复2和3的步骤。每次收紧的时间可以尽量久一点，然后以STEP4、5、6作为进阶版练习，完成整套动作为一次，30次为一组。

BLOG 21

take exercise your waist

exercise

后腰平滑操

后腰胖不胖？拿一条低腰牛仔裤来穿，然后在椅子上坐下。会被背后的裤腰勾出一坨肉来的，就算胖了。如果你想要无论裤腰怎么低、椅子怎么坐，后腰都是平滑优美，那就需要加紧练习后腰平滑操。这个动作仍然是衔接前两套动作的延伸，当你熟悉了脚踝和腘绳肌的训练，就会很容易找到“臀大肌上缘”的位置，让它不再有“嘟嘟肉”。

1

2

points-one line

BLOG 21

3

4

take exercise your waist

six points-one line

STEP 1：紧腰收腹，臀部夹紧，单腿站在桌子前面（或是面对着墙也可以），用手轻扶桌面以保持身体的平衡。

STEP 2：先用脚踝跟腱把踝关节锁定，保持脚不会轻易晃动。然后大腿后侧发力，锁定膝关节，确保膝盖不会弯曲。想象你的整条腿没有一个活动关节，而是像一具石膏一般沉重。

STEP 3：找到臀大肌的上缘，这部分肌肉就是当你在提臀时最后收紧的部位。用臀大肌的上缘发力，想象去带动整条腿往上提。务必确定腿的膝关节和踝关节是固定的，否则一旦放松就很容易变成前面两节运动之一了。当臀大肌上缘发力时，锻炼到的就是后腰肌肉。

STEP 4：利用臀大肌上缘发力，使腿往身体的斜后方45度角踢抬，即脚趾对应身体斜外方45度的位置，整条腿用力上抬。此动作每30次为一组，记得整个顺序是“锁定关节—收紧上臀部—腿向斜外方抬”。

BLOG 21

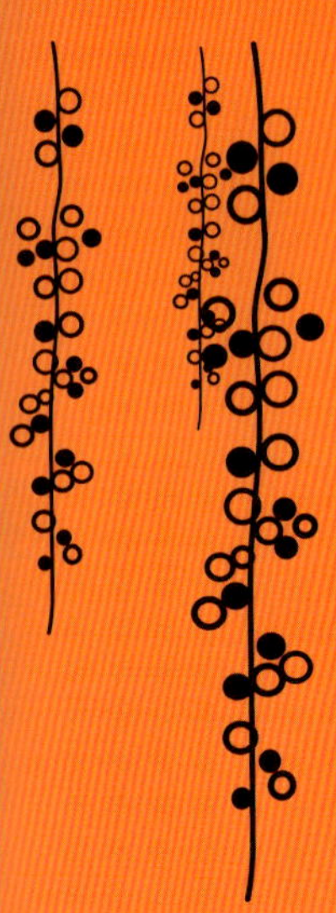

six points-one li

小腹紧紧操

上腹部的运动，大家都知道可以通过仰卧起坐来练习。然而下腹部的赘肉，就要换一种更有针对性的局部运动来刺激。还记得“蝴蝶袖退散操”里面用关节夹紧铅笔的动作吗？这次又要用到铅笔来锁定膝关节了。下腹部的肉肉，比身体任何其他部位都要松，穿比基尼时小裤裤在肚脐下面勒出来的软软肉就是了。早日练出紧实平滑的小腹，会让你的每条低腰裤都很有面子喔！

thin out your abdominal

1

2

xercise

BLOG 21

3

six points-one line

4

thin out your abdominal

STEP 1：紧腰收腹，继续保持站姿。这次背对着桌子或墙壁站立，让手向后即可扶到支撑。

STEP 2：把铅笔放在膝盖后面的膝盖弯处，夹紧膝盖让它不要掉下来。

STEP 3： 用“脚踝纤细操”里面收紧小腿前侧肌肉，带动脚面勾起来的动作，一边收小腿一边保持膝盖的固定和标准的站姿，用夹着铅笔的腿缓慢向上抬高，到大腿与身体垂直的高度，保持20秒。

STEP 4：仍然保持膝盖夹紧铅笔，缓缓降低大腿，然后再重复STEP3的动作。以30次为一组，注意每个动作的标准。

图书在版编目（CIP）数据

P.S，才是瘦身 / 戎毅著. — 济南 ：山东美术出版社，2011.2
（我的 fashion 生活志）
ISBN 978-7-5330-3330-9

I. ①P… II. ①戎… III. ①减肥－基本知识 IV. ①R161

中国版本图书馆 CIP 数据核字（2010）第 234788 号

项目统筹：张　芸
责任编辑：陆　莹
装帧设计：梁文婷
出版发行：山东美术出版社
济南市胜利大街 39 号（邮编：250001）
http://www.sdmspub.com
E-mail:sdmscbs@163.com
电话：（0531）82098268　传真：（0531）82066185
山东美术出版社发行部
济南市胜利大街 39 号（邮编：250001）
电话：（0531）86193019　传真：（0531）86193028
制版印刷：山东临沂新华印刷物流集团有限责任公司
开　　本：150×180 毫米　32 开　7 印张
版　　次：2011 年 02 月第 1 版　2011 年 02 月第 1 次印刷
定　　价：32.00 元